Schöningh
westermann

EinFach Deutsch

Georg Büchner

Woyzeck

...verstehen

Erarbeitet von
Claudia Müller-Völkl
Michael Völkl

Herausgegeben von
Johannes Diekhans
Michael Völkl

Bildnachweis

|akg-images GmbH, Berlin: 52. |alamy images, Abingdon/Oxfordshire: Fearn, Paul 27. |Aurin, Thomas, Berlin: 45. |Bayerisches Staatsschauspiel, München: Foto: Thomas Dashuber 80. |Cinetext Bild & Textarchiv GmbH, Wetzlar: Creaps 20; Marco 25. |DAS THEATERPROJEKT, Nürnberg: Nikolaus Struck 18. |Kassing, Reinhild, Kassel: 14, 14, 33, 33. |MitraTheater, Frankfurt: Foto: Sabine Lippert 40. |Neue Kantonsschule Aarau, Aarau: Fotograf: Beat Knaus / Schauspieler: Lena Vurma, Joël László / Produktion: Theatergruppe der Neuen Kantonsschule Aarau 2002 17. |Sabine Brinker, Altena: picturesberlin.de 68. |Schauspielhaus Salzburg, Salzburg: Foto: Eva-Maria Griese 48, 89. |ullstein bild, Berlin: Hipp-Foto 72; ullstein bild 53, 59. |Verein Kölner Kulturbildarchiv, Köln: Foto: Wolfgang Weimer 36. |Volkstheater Wien, Wien: Foto: Martin Vukovits 74.

westermann GRUPPE

© 2010 Bildungshaus Schulbuchverlage Westermann
Schroedel Diesterweg Schöningh Winklers GmbH,
Georg-Westermann-Allee 66, 38104 Braunschweig
www.westermann.de

Druck A[13] / Jahr 2022
Alle Drucke der Serie A sind im Unterricht parallel verwendbar.

Umschlaggestaltung: Nora Krull, Bielefeld; unter Verwendung von
© picture-alliance/dpa
Druck und Bindung: Westermann Druck Zwickau GmbH,
Crimmitschauer Straße 43, 08058 Zwickau

ISBN 978-3-14-**022481**-9

Inhaltsverzeichnis

An die Leserin und den Leser

Liebe Leserin, lieber Leser,

„Ich hab's gesehn Woyzeck; Er hat auf die Straß gepisst, an die Wand gepisst wie ein Hund." (S. 15, Z. 9–10[1])

Solche Sätze hatte vor Georg Büchner noch kein anderer deutscher Dramatiker formuliert. Die kompromisslose Sprachgestaltung ist jedoch keineswegs die einzige Besonderheit, deretwegen das Drama „Woyzeck" als Ausgangspunkt einer literarischen Revolution angesehen wird. Das Fragment gebliebene Werk entstand im Jahr 1836. Nur vier Jahre zuvor war mit Johann Wolfgang von Goethe der letzte bedeutende Vertreter der Weimarer Klassik verstorben. Trotz dieser zeitlichen Nähe erscheint Büchners Stück bereits Welten entfernt von den Menschheits- und Kunstidealen des aufgeklärten 18. Jahrhunderts. Statt eines tragischen Helden mit innerer Größe begegnet uns in der Person Woyzecks ein Antiheld, ein Verlierer, der von den Mächtigen und Starken auf gewissenlose Weise ausgebeutet wird. Die von Büchner beschriebene Gesellschaft ist der Humanität völlig entfremdet. Sie gehorcht den Gesetzen eines brutalen Egoismus und sucht ihren Lebenssinn in einem platten, sinnentleerten Materialismus. Bereits diese knappen Andeutungen geben uns einen Eindruck von der Schlüsselposition des Dramas „Woyzeck" für die Geschichte der modernen deutschen Literatur. Sein Autor bricht radikal mit dem Weltbild und mit den Traditionen des klassisch-idealistischen Theaters. Dabei schafft er zugleich etwas Neues, nämlich das Modell des „sozialen Dramas". Von nun an werden die Lebensbedingungen des

---

[1] Sämtliche Stellenangaben beziehen sich auf die im Literaturverzeichnis aufgeführte Textausgabe des Schöningh Verlags.

einfachen Volkes zum Gegenstand realistischer Inszenierungen. Theater wird zum Ort sozialer Anklage und Gesellschaftskritik.

Die epochemachende Bedeutung des Stücks wird uns besonders dann klar, wenn wir uns die Wirkung des Stücks auf die Künstler späterer Generationen vor Augen führen. So prägte das Drama zahlreiche Schriftsteller, die ihrerseits zu den bedeutendsten literarischen Gestalten des 20. Jahrhunderts zählen. Mit Gerhart Hauptmann, Georg Heym, Frank Wedekind, Hugo von Hofmannsthal und Rainer Maria Rilke zählen Naturalisten, Expressionisten und Impressionisten gleichermaßen zu den literarischen Nachfahren Büchners. Darüber hinaus stehen wichtige Exponenten des modernen Dramas, beispielsweise Bertolt Brecht und Max Frisch, in der Tradition Büchners.

Die außerordentliche Attraktivität des Stoffes zeigt sich auch darin, dass er auf anderen Gebieten der Kunst aufgenommen und innovativ weiterentwickelt wird, beispielsweise in Alban Bergs berühmter Oper „Wozzeck". Die enorme Beliebtheit des Textes als Schullektüre ist eindeutiger Beleg für seine bis heute andauernde Aktualität.

Aber warum genau lesen wir das Drama „Woyzeck"? Eine wichtige Begründung bietet uns die gesellschaftskritische Dimension des Stücks. Es vermittelt uns nicht nur eine lebendige Vorstellung von den damaligen sozialen Verhältnissen, sondern deckt zugleich zeitlose Gesetzmäßigkeiten und Spielregeln menschlichen Zusammenlebens auf. Darüber hinaus stellt uns das Drama bedrängende philosophische Fragen nach dem Sinn des menschlichen Daseins, denen wir uns als Zuschauer und Leser kaum entziehen können. Hinzu kommt die dramengeschichtliche Bedeutung: Wenn wir uns mit Büchners Werk auseinandersetzen, können wir viele Grundlagen und Entwicklungen des modernen Theaters besser verstehen.

Der vorliegende Band aus der Reihe „EinFach Deutsch – ... verstehen" will die Erschließung des Personengefüges erleichtern und Zugänge zur Interpretation des Dramentexts aufzeigen. Darüber hinaus vermittelt er auf anschauliche Weise die biografischen, zeitgeschichtlichen und kunsttheoretischen Hintergründe des Werks. Zum Zweck der erfolgreichen Prüfungsvorbereitung können außerdem die Aufgabenform „Figurencharakterisierung" sowie textanalytische Verfahren erarbeitet und die wesentlichen Aspekte des Dramas in übersichtlicher und einprägsamer Weise wiederholt werden.

Viel Freude beim Lesen, Nachdenken und Verstehen wünschen

Claudia Müller-Völkl und Michael Völkl

Der Inhalt im Überblick

Das Stück spielt zu Lebzeiten Georg Büchners in einer deutschen Garnisionsstadt.

Der einfache Soldat Woyzeck fristet ein ärmliches Dasein. Um den Lebensunterhalt für sich, seine Geliebte Marie und den gemeinsamen Sohn Christian zu verdienen, verdingt sich Woyzeck als Handlanger für seinen Hauptmann. Außerdem stellt er sich dem Doktor für ein Experiment zur Verfügung, bei dem er nur Erbsen essen darf. Die einseitige Ernährung löst bei Woyzeck erhebliche psychische Ausfallerscheinungen aus.

Woyzecks wichtigster Lebensinhalt ist seine Liebe zu Marie. Diese ist jedoch enttäuscht von dem Leben, das Woyzeck ihr bietet, und träumt vom sozialen Aufstieg. Deshalb lässt sie sich auf eine Affäre mit dem attraktiven Tambourmajor ein.

Der geistig zunehmend verwirrte Woyzeck wird bei einer Tanzveranstaltung Augenzeuge des Betrugs. Dieses Erlebnis wirft ihn seelisch endgültig aus der Bahn. Zunächst lässt er sich ohne Erfolg auf eine Schlägerei mit dem physisch überlegenen Nebenbuhler ein. Daraufhin fasst er den Entschluss, Marie aus Rache zu töten.

Woyzeck besorgt sich ein Messer und vermacht seinem Kameraden Andres seine wenigen Habseligkeiten. Schließlich lockt er seine Geliebte nachts an einen Teich, ersticht sie und ergreift die Flucht.

Die Personenkonstellation

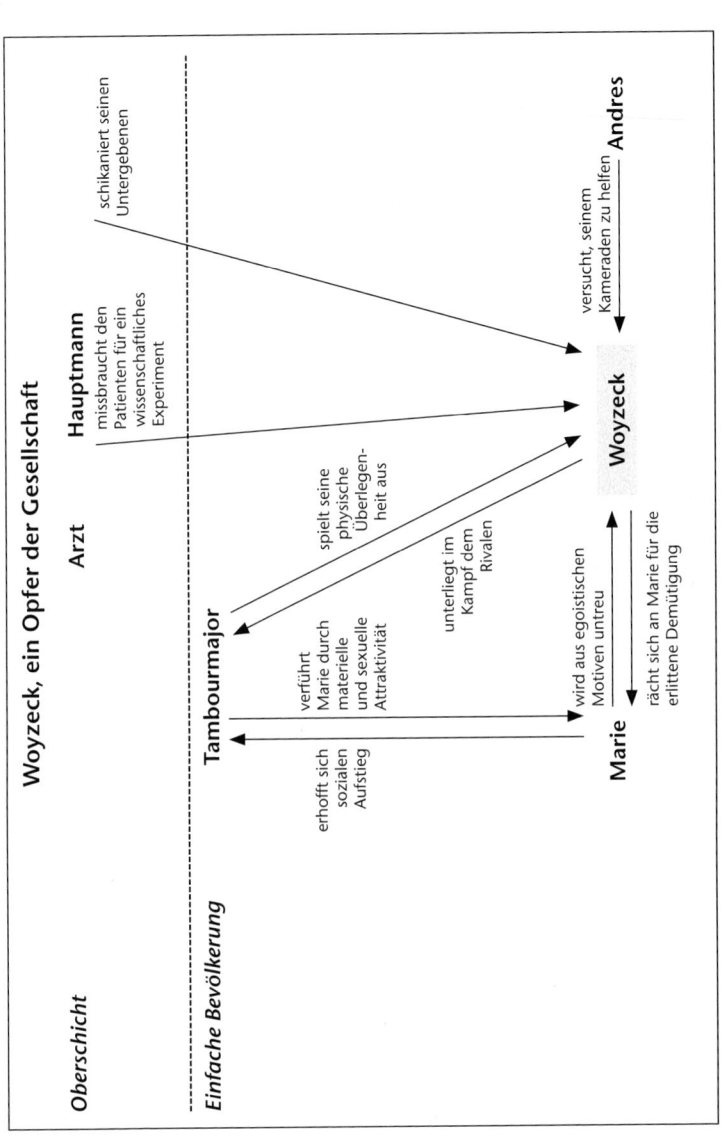

Woyzeck, ein Opfer der Gesellschaft

Oberschicht

Einfache Bevölkerung

Arzt — missbraucht den Patienten für ein wissenschaftliches Experiment

Hauptmann — schikaniert seinen Untergebenen

Tambourmajor

Woyzeck

Andres — versucht, seinem Kameraden zu helfen

Marie

spielt seine physische Überlegenheit aus

verführt Marie durch materielle und sexuelle Attraktivität

unterliegt im Kampf dem Rivalen

erhofft sich sozialen Aufstieg

wird aus egoistischen Motiven untreu

rächt sich an Marie für die erlittene Demütigung

Inhalt, Aufbau und erste Deutungsansätze

Szene 1: Freies Feld. Die Stadt in der Ferne

Ausgangssitua-
tion des Dramas

Kurz vor dem abendlichen Zapfenstreich (vgl. S. 6, Z. 24) halten sich die beiden Soldaten Woyzeck und Andres entfernt von der Stadt auf einem freien Feld auf (vgl. Szenenüberschrift). Dabei schneiden sie Stöcke im Gebüsch (vgl. S. 6, Z. 1). Bereits diese knappe Beschreibung der Ausgangssituation erlaubt drei wichtige Rückschlüsse: Die einfache Tätigkeit Woyzecks und seines Kameraden verweist auf ihren niedrigen sozialen Rang. Zudem befindet sich der Protagonist an einem Ort außerhalb der Stadt. Diese ist in diesem Zusammenhang als Sinnbild für die menschliche Gemeinschaft zu verstehen. Die räumliche Distanz symbolisiert somit die gesellschaftliche Außenseiterstellung Woyzecks. Desgleichen enthält auch die Tageszeit eine metaphorische Ebene: Der hereinbrechenden Dunkelheit entspricht der sich zunehmend verdüsternde Gemütszustand Woyzecks sowie sein Schicksal, das ihn schließlich zum Mörder macht.

Woyzecks Wahn-
vorstellungen

Woyzeck begegnet dem Leser gleich zu Beginn als verstörter und gehetzter Mensch, der unter extremen halluzinatorischen Wahrnehmungsstörungen leidet. So fantasiert er über einen Kopf, der in den Abendstunden auf dem Gelände umherrollen und demjenigen, der ihn aufhebt, den Tod bringen soll. Hinter diesen gespenstischen Begebenheiten vermutet Woyzeck das Treiben der Freimaurer[1] (vgl. S. 6, Z. 6). Dass er die damals weitverbreiteten Vorurteile gegenüber diesem Geheimbund teilt, ist ein Beleg für sein schlichtes, unaufgeklärtes Weltbild. In seinen Wahnvorstel-

---

[1] Freimaurer: Idealen des Humanismus und der Aufklärung verpflichteter Geheimbund

lungen fühlt sich Woyzeck außerdem unmittelbar verfolgt („Es geht hinter mir", S. 6, Z. 12). Er zweifelt sogar im wahrsten Sinne des Wortes die Tragfähigkeit, also die Verlässlichkeit, realer Sinneseindrücke an („Alles hohl da unten.", S. 6, Z. 13). Auch für diese vermeintlich existenzielle Bedrohung macht er die Freimaurer verantwortlich (vgl. S. 6, Z. 13).

Andres, der anfangs noch versucht hat, die Situation mit dem Singen eines Kinderlieds zu entspannen, lässt sich nun ebenfalls von der Angst seines Kameraden anstecken (vgl. S. 6, Z. 14), auch wenn er die Wahrnehmungen Woyzecks nicht nachvollziehen kann (vgl. S. 6, Z. 17).

Andres' Verhalten gegenüber Woyzeck

Währenddessen steigert sich Woyzeck in eine regelrechte Endzeitvision hinein, deren Elemente an die biblische Schilderung des Jüngsten Gerichts erinnern (vgl. S. 6, Z. 18–20). Dadurch wird er in eine solche Panik versetzt, dass er sich und seinen Begleiter vor der vermeintlichen Gefahr hektisch in Sicherheit bringen will (vgl. S. 6, Z. 21). Seine Wahnvorstellungen müssen ihm also höchst real erscheinen. Er ist derart abwesend, dass ihn Andres auf den in der Ferne vernehmbaren Zapfenstreich, den Abendappell für Soldaten, hinweisen muss (vgl. S. 6, Z. 24).

Woyzeck im Zustand äußerster Panik

Insgesamt deuten sich in der ersten Szene trotz ihrer Kürze bereits wesentliche Aspekte der Dramenhandlung an: Woyzeck, ein unwissender Mensch aus bescheidensten Verhältnissen, ist von der Gesellschaft weitgehend isoliert. Zudem ist sein Geisteszustand erkennbar angegriffen, was sich in seinem Verfolgungswahn sowie in einem hochgradigen Realitätsverlust äußert. Auch seine Mordtat, letzte Konsequenz dieser Konflikte, wird im gewalttätigen und blutrünstigen Charakter seiner Wahnvorstellungen präsent. Insofern erfüllt diese Szene die Funktion einer dramatischen Exposition, also einer Einleitungsszene, in der die zentralen Konflikte eines Stücks ein erstes Mal anklingen.

Die Szene als Exposition

Szene 2: Die Stadt

Streit zwischen den Frauen

Marie, ihr Kind auf dem Arm, beobachtet vom Fenster ihrer Wohnung aus den Vorbeimarsch der den Zapfenstreich trommelnden Soldaten und unterhält sich dabei mit ihrer Nachbarin Margreth. Beide finden besonderen Gefallen an der maskulinen Erscheinung des Tambourmajors (vgl. S. 7, Z. 3–4). Dieser bemerkt ihr Interesse und erwidert es mit einem Gruß (vgl. S. 7, Z. 5). Der kurze Flirt löst einen plötzlichen Streit zwischen den zwei Frauen aus, der auf tiefer sitzende Spannungen in ihrem Verhältnis hindeutet. Margreth unterstellt Marie einen unmoralischen Lebenswandel (vgl. S. 7, Z. 14) und setzt ihre eigene Ehrenhaftigkeit (vgl. S. 7, Z. 13–14) dagegen. Marie wiederum unterstellt Margreth, dass Neid auf ihre Attraktivität das wahre Motiv hinter deren anständiger Fassade sei (vgl. S. 7, Z. 10–12).

Die Lebenssituation Maries

Der erste Szenenteil gewährt wesentliche Einblicke in Maries Lage: Der Zuschauer nimmt sie auf der Bühne zuerst als Mutter eines kleinen Kindes wahr. Gleichzeitig wird jedoch klar, dass sie keineswegs die Rolle einer Idealmutter spielt: Obwohl sie sich in einer festen Beziehung mit Woyzeck, dem Vater ihres Kindes, befindet, träumt sie zugleich auch von attraktiven Männerbekanntschaften. Solche Gedanken versprechen ihr offenbar eine kurzzeitige Befreiung aus ihren Alltagssorgen. So löst allein schon der Blickkontakt mit dem Tambourmajor eine ungewohnte Freundlichkeit auf ihrem Gesicht aus (vgl. S. 7, Z. 6–7).

Konfliktträchtiger Alltag

Durch Maries energisches Zuschlagen des Fensters (vgl. S. 7, Z. 15) wird ihr grob ausgetragener Streit mit der Nachbarin nicht beigelegt, sondern nur unterbrochen. In dem Konflikt wird ein weiteres Mal deutlich, wie groß die Distanz zwischen dem auf Harmonie und Ausgleich bedachten Theater der Weimarer Klassik und Büchners Stück ist. Das tägliche Zusammenleben innerhalb der einfachen Bevölkerung wird von Neid, Rivalität und dem ständigen Kampf um soziale Anerkennung bestimmt.

Im Mittelteil der Szene, in der Marie mit ihrem Kind allein ist, denkt sie über ihre persönliche Situation nach. Als unverheiratete Mutter eines unehelichen Kindes befindet sie sich im Widerspruch zum gesellschaftlichen Wertebegriff („Was die Leut wollen.", S. 7, Z. 16), von dem sie sich jedoch trotzig distanziert, da ihr auch das „arm Hurenkind" (S. 7, Z. 16) Freude bereitet. Im Weiteren drückt sie ihre Lebensauffassung durch ein volkstümliches Lied aus, in dem Haltung und Wünsche der einfachen Menschen zum Ausdruck kommen. In der ersten Strophe (vgl. S. 7, Z. 19–24) steht die Bejahung einer vom sozialen Ansehen unabhängigen Lebensfreude im Mittelpunkt. Die zweite Strophe (vgl. S. 7, Z. 25–30) führt den Aspekt des Lebensüberflusses anhand des Bildes von Pferden aus, die mit Wein getränkt werden.

Maries Selbstreflexion

Das Erscheinen Woyzecks markiert den Beginn des letzten Szenenabschnitts. Erneut kommuniziert Marie über das Fenster mit der Außenwelt, diesmal mit ihrem Freund Woyzeck. Auch bei seinem zweiten Erscheinen ist dieser gehetzt und außer sich. Vom Zapfenstreich zur Rückkehr in die Kaserne gerufen, hat er keine Zeit für Marie und ignoriert ihre Aufforderung „Komm herein!" (S. 7, Z. 32). Er bleibt also außerhalb ihrer Wohnung und damit außerhalb ihrer Lebenssphäre. Als Marie den Grund für seinen verwirrten Zustand ergründen will, kann sie den unverständlichen Hirngespinsten Woyzecks nicht folgen. Ihre energischen Versuche, ihn zur Besinnung zu bringen (vgl. S. 8, Z. 5, 8), scheitern. Das Gespräch wird von Woyzeck abrupt unterbrochen (vgl. S. 8, Z. 9). Eine echte Kommunikation zwischen den beiden Personen kann aufgrund des Zustandes Woyzecks, der weder auf Marie eingeht noch Interesse an seinem Kind zeigt (vgl. S. 8, Z. 10–11), nicht gelingen. Marie bleibt zurück, sichtlich erschüttert angesichts der emotionalen Kälte und voll düsterer Vorahnungen (vgl. S. 8, Z. 12–14).

Versuch der Kommunikation mit Woyzeck

Die Funktion des Fensters Innerhalb der Szene erfüllt das Fenster von Maries Wohnung eine strukturierende Aufgabe: Zunächst ermöglicht es den Flirt Maries mit dem Tambourmajor. Durch sein Schließen verschafft sich Marie die zur Selbstreflexion nötige Ruhe. Anschließend ermöglicht das Fenster Maries Kommunikationsversuch mit Woyzeck. Die dramaturgische Bedeutung des Fensters lässt sich folgendermaßen veranschaulichen:

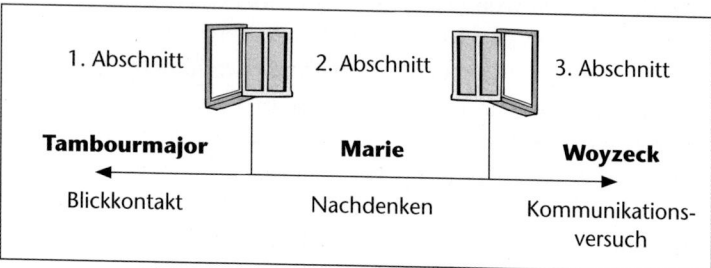

Der dreigliedrige Aufbau der Szene unterstreicht somit die Position Maries zwischen zwei Männern, aus der sich im weiteren Handlungsverlauf der zentrale Konflikt des Dramas ergibt.

Szene 3: Buden. Lichter. Volk

Marie und Woyzeck besuchen den Jahrmarkt. Dort werden sie zunächst auf einen alten Mann mit Leierkasten aufmerksam (vgl. S. 8, Z. 15–18). Dieser singt nicht nur von der menschlichen Vergänglichkeit, sondern dient zugleich als ihr Sinnbild. Begleitet von einem tanzenden Kind, symbolisieren die beiden den Weg des Menschen von der Wiege zum Verfall. Dieser Auftakt bildet gewissermaßen das Vorspiel für den Schlussteil der Szene, in der Büchner ein ernüchterndes Sinnbild der menschlichen Existenz auf die Bühne bringt.

Ein Budenschreier wirbt für sein tierisches Kuriositätenkabinett, mit dem er die Ähnlichkeit von Mensch und Tier be-

Sinnbild für das Leben

Entwürdigung der menschlichen Existenz

weisen will (vgl. S. 8, Z. 24 – S. 9, Z. 6). Die Unterschiede zwischen ihnen führt er auf den zivilisatorischen Erziehungsprozess zurück, den zwar der Mensch, aber nicht das Tier durchläuft (vgl. S. 9, Z. 1, 7). Die besondere Würde des Menschen innerhalb der Schöpfungsordnung, die sich aus der Bibel herleitet, wird dadurch radikal infrage gestellt. Die Folgen dieser These sind besonders für Woyzeck brutal, sieht doch der Budenrufer ausgerechnet den einfachen Soldatenstand als Schnittstelle zwischen Affen und Menschen an (vgl. S. 9, Z. 8–10).

Während Woyzeck und Marie beschließen, die Vorführung in der Bude zu besuchen, werden der Tambourmajor und ein weiterer Unteroffizier auf Marie aufmerksam. Allerdings sehen sie in ihr keineswegs eine Frau, sondern nur ein äußerlich attraktives „Weibsbild" (S. 9, Z. 18), dessen Wertschätzung von seiner Eignung zur Fortpflanzung („Zucht", S. 9, Z. 20) abhängig ist (vgl. S. 9, Z. 21–25). Marie wird also nicht als menschliches Wesen respektiert, sondern auf die Ebene eines animalischen Lustobjekts herabgewürdigt. Auch hier verwischen also die Grenzen zwischen Mensch und Tier.

Marie als Sexualobjekt

Im Inneren der Bude führt der Marktschreier Kunststücke mit einem Pferd vor. Auf den ersten Blick belustigend, beinhaltet die Demonstration zugleich eine ernste allegorische[1] Ebene. Die „viehische Vernünftigkeit" (S. 9, Z. 30–31) des Pferdes dient als Beleg für die Wesensgleichheit von Mensch und Tier (vgl. S. 10, Z. 7–9, Z. 17–18). Folgerichtig wird auch der Mensch lediglich als Teil der Natur betrachtet und seiner idealistischen Sonderstellung entkleidet: Wie die Tiere besteht auch er letzten Endes nur aus „Staub, Sand, Dreck" (S. 10, Z. 14).

Allegorie auf den Menschen

---

[1] Allegorie: rational aufschlüsselbare Verbildlichung eines abstrakten Sachverhalts

Der satirische[1] Charakter der Vorführung beruht zum einen auf der Sprache des Marktschreiers. Diese ist geprägt von Wortspielen („Viehsionomik", S. 10, Z. 7, statt „Physiognomie"), von der bewussten Zusammenführung einander eigentlich widersprechender Begriffe („viehische Vernünftigkeit", S. 9, Z. 30–31) und von effektheischend vorgebrachten Versatzstücken aus der damaligen Bildungssprache Französisch („raison", S. 10, Z. 4). Zum anderen ergibt sich die satirische Wirkung daraus, dass das Publikum im Zelt die wahre Bedeutung des Vorgetragenen überhaupt nicht versteht und damit selbst den Beweis seiner eigenen Dummheit antritt. Voller Selbstgefälligkeit stellt der Unteroffizier in großer Geste seine Uhr als Requisit für die Beweisführung zur Verfügung (vgl. S. 10, Z. 21–22), und auch Marie legt eine ahnungslose Neugier an den Tag, als sie sich in die erste Zuschauerreihe vordrängt (vgl. S. 10, Z. 23–24).

Satirische Wirkung

Der Jahrmarktszene kommen im Wesentlichen zwei dramatische Funktionen zu: Zum einen beschreibt der Autor in drastischen Bildern die Nähe des Menschen zum Tier. Die Szene enthält also Kommentare zur Handlung des Stücks. Zum anderen intensiviert sich das sexuelle Interesse des Tambourmajors an Marie, wodurch die Eifersuchtstragödie ihren Lauf nimmt.

Funktionen der Szene

Szene 4: Kammer

Marie sitzt in ihrer Kammer, das Kind auf ihrem Schoß. In einem kaputten Spiegel betrachtet sie ihre neuen Ohrringe, die offensichtlich vom Tambourmajor stammen (vgl. S. 10, Z. 27–28). Zum wiederholten Male äußert sie ihre Gefühle durch ein Lied, das von der romantischen Entführung eines Mädchens „in's Zigeunerland" (S. 11, Z. 3–6) handelt. Zugleich schmeichelt ihr der materielle Wert des

Die Verführung Maries

---

[1] Satire: Kritik an Menschen und Verhältnissen mit den Mitteln des Spotts und der Ironie

Präsents (vgl. S. 11, Z. 7). Das Umworbenwerden, für Marie ein Beweis ihrer Schönheit, erfährt sie als Aufwertung gegenüber den „großen Madamen" (S. 11, Z. 9) der besseren Gesellschaft. Es wird somit deutlich, wieso Marie gegenüber den Annäherungsversuchen des Tambourmajors schwach wird: Er gibt ihr die lang ersehnte soziale Anerkennung und lässt sie davon träumen, dem engen Alltag zu entfliehen – das „Zigeunerland" steht für ein freies, ungebundenes Leben.

Zeitgleich zu diesen Gedanken versucht Marie, ihr Kind zum Schlafen zu bringen. Dabei greift sie zu unheimlichen Schreckensbildern. Wenn das Kind nicht die Augen geschlossen halte, werde es von einem nicht näher bezeichneten Wesen geholt (vgl. S. 11, Z. 2), oder das Schlafengelchen blende es (vgl. S. 11, Z. 13). Diese Ermahnung unterstreicht Marie durch ein Blinken des Spiegels. Im Umgang mit ihrem Kind zeigt sich ein für die damalige Zeit bezeichnendes Erziehungsprinzip: Kinder werden eingeschüchtert, statt ihnen Vertrauen ins Leben zu geben. Obwohl sie selbst unter den Zuständen leidet, gibt Marie die in der Gesellschaft bestehende Inhumanität wie selbstverständlich an die nächste Generation weiter.

Angst als Erziehungsmittel

Maries Selbstbetrachtung (Aarau 2002)

Die Rede von unheimlichen Erscheinungen schafft überdies eine düstere Stimmung, mit der das Auftreten Woyzecks vorbereitet wird. Erschrocken von seinem plötzlichen Erscheinen bedeckt Marie die Ohrringe schnell mit ihren Händen (vgl. S. 11, Z. 17). Auf Woyzecks Nachfrage nach der Herkunft des Schmucks reagiert sie mit gespielter Empörung. Im Vertrauen auf die Ehrlichkeit Maries schenkt Woyzeck ihrer Aussage Glauben, sie habe die Ohrringe gefunden (vgl. S. 11, Z. 21–24). Wichtiger als die Herkunft der Ohrringe ist ihm die Sorge um das Wohlergehen seines Kindes (vgl. S. 11, Z. 24–26). Außerdem übergibt er Marie seinen Verdienst als finanzielle Unterstützung (vgl. S. 11, Z. 27–29). Dabei leidet er offenbar enorm unter dem Zwang zu ständiger Arbeit (vgl. S. 11, Z. 26–27). Die ökonomischen Verhältnisse setzen ihn dermaßen unter Druck, dass er keine Zeit für seine Familie hat (vgl. S. 11, Z. 31).

Woyzeck als Opfer der Verhältnisse

Woyzeck und Marie (Nürnberg 2004)

Angesichts seiner fürsorglichen und selbstlosen Einstellung wird die zurückbleibende Marie von ihrem schlechten Gewissen gequält. Sie denkt sogar an Selbstmord (vgl. S. 11, Z. 32–33). Der Gedanke ans Erstechen wird hier zur unheimlichen Vorausdeutung auf ihre Ermordung. Aber sie schiebt ihre Bedenken wieder beiseite, indem sie die Sinnlosigkeit der menschlichen Existenz betont (vgl. S. 11, Z. 33–34). Dadurch wird deutlich, dass Maries Verrat an Woyzeck keineswegs nur aus persönlicher Schwäche heraus geschieht. Es fehlt auch an innerer Überzeugung von der grundsätzlichen Berechtigung moralischer Werte. Hierin gleicht ihre Auffassung der des Hauptmanns (vgl. Szene 5).

Maries Gewissenskonflikt

Szene 5: Der Hauptmann. Woyzeck

Woyzeck rasiert den Hauptmann. Mit dieser Tätigkeit verdient er neben seinem Soldatenlohn zusätzlich Geld für seine Familie (vgl. auch Szene 4, S. 11, Z. 28–29). In dieser Szene treten die zwischen den beiden Personen bestehenden Machtverhältnisse deutlich zutage. Zunächst wird der Rangunterschied – der Hauptmann bekleidet ein hohes militärisches Amt, Woyzeck dagegen ist ein einfacher Befehlsempfänger – in der Körperstellung der beiden Personen zueinander veranschaulicht: Der Hauptmann sitzt, Woyzeck steht. Auch das Gesprächsverhalten ist von der jeweiligen Position innerhalb der Hierarchie geprägt: Im ersten Teil der Szene (vgl. S. 12, Z. 1–28) führt der Hauptmann das große Wort, während Woyzeck sich mit kurzen Floskeln der Zustimmung begnügen muss („Jawohl, Herr Hauptmann.", S. 12, Z. 9, 19, 28). Im zweiten Teil entfallen auf Woyzeck zwar größere Redeanteile, aber dennoch bleibt die Initiative beim Hauptmann, der das Gespräch dann auch mit einem Befehl an Woyzeck beendet (vgl. S. 13, Z. 33–34). Die Machtverteilung zwischen den beiden Figuren hat sich während der Szene nicht geändert.

Die Machtverhältnisse zwischen dem Hauptmann und Woyzeck

Im Vergleich zu den existenziellen Schwierigkeiten Woyzecks plagt den Hauptmann gewissermaßen ein Luxusproblem: Langeweile und Beschäftigungslosigkeit nähren in ihm ein Gefühl existenzieller Sinnlosigkeit, das sich in melancholischer Traurigkeit äußert (vgl. S. 12, Z. 10–12,

Die Melancholie
des Hauptmanns

Z. 17–18). Um solche Phasen des gedanklichen Leerlaufs zu vermeiden, muss jedwede Beschäftigung, auch die Rasur durch Woyzeck, mit zeitfüllender Langsamkeit verrichtet werden (vgl. S. 12, Z. 1–5). Die melancholische[1] Grundhaltung des Hauptmanns hängt überdies eng mit seiner Neigung zur Rührseligkeit zusammen, in die er dann verfällt, wenn er sich Woyzeck gegenüber väterlich-gönnerhaft gibt (vgl. S. 12, Z. 30; S. 13, Z. 21).

Da der Hauptmann in materiell und sozial gut abgesicherten Verhältnissen lebt, ist ihm der tägliche Daseinskampf seines Untergebenen jedoch völlig fremd. Die Tatsache, dass Woyzeck „immer so verhetzt" (S. 12, Z. 20) wirkt, erklärt er sich mit dessen angeblich unmoralischem Lebenswandel (vgl. S. 12, Z. 20–22). Konkret bezieht er sich auf das uneheliche Kind Woyzecks (vgl. S. 12, Z. 33–36). Dieser setzt sich zur Wehr, indem er zunächst ein Bibelzitat anführt, das auch den unehelichen Kindern göttliche Barmherzigkeit verheißt (vgl. S. 13, Z. 1–4). Außerdem existiert für ihn ein klarer Zusammenhang zwischen Moral und ge-

Diskussion über
Tugendhaftigkeit

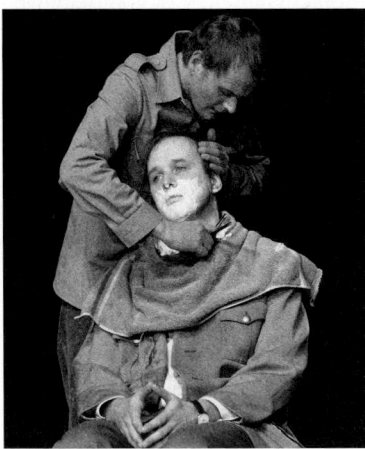

Woyzeck und der
Hauptmann
(Hamburg 2005)

[1] Melancholie: trauriger, niedergeschlagener Gemütszustand

sellschaftlicher Position. Für eine Heirat fehlen Woyzeck die finanziellen Mittel (vgl. S. 13, Z. 8–13), und auch sonst sieht er in der Möglichkeit eines tugendhaften Lebens ein Vorrecht der begüterten Schichten (vgl. S. 13, Z. 23–29). Der Hauptmann vermag den treffenden Argumenten seines Untergebenen nur mit wirren Ausführungen (vgl. z. B. S. 13, Z. 6) zu begegnen. Dies zeigt, dass er die sozialen Zwänge im Leben Woyzecks nicht einmal im Ansatz versteht und sich auch nicht mit ihnen auseinandersetzen will. Damit demaskiert Georg Büchner die völlige Ignoranz der gut gestellten Bürger gegenüber den Lebensbedingungen der einfachen Menschen und veranschaulicht auf diese Weise die unüberbrückbare Kluft zwischen den sozialen Schichten.

Darüber hinaus verrät sich das innere Wesen des Hauptmanns auch in seinem Sprachgebrauch. So beweist schon seine stellenweise verletzende Wortwahl seine Geringschätzung Woyzecks: „O, Er ist dumm, ganz abscheulich dumm." (S. 12, Z. 29–30) Seine selbstgefälligen philosophischen Ausführungen, mit denen er Woyzeck gegenüber seine Vorrangstellung deutlich machen will, entpuppen sich als geistlose Worthülsen. Besonders fallen die nichtssagenden Begriffsdefinitionen des Hauptmanns auf: „Ewig, das ist ewig" (S. 12, Z. 12) oder auch „Moral, das ist, wenn man moralisch ist" (S. 12, Z. 32–33). Auch die häufigen Wortwiederholungen („Ein guter Mensch tut das nicht, ein guter Mensch, der sein gutes Gewissen hat.", S. 12, Z. 20–22) enthüllen die gedankliche Unbeweglichkeit des Hauptmanns. Dessen ungeachtet schätzt er sich selbst Woyzeck gegenüber auch auf sprachlichem Gebiet als überlegen ein. So hält er sich für „pfiffig" (S. 12, Z. 27), als er Woyzeck eine simple sprachliche Falle stellt, auf die dieser zur Belustigung des Hauptmanns auch prompt hereinfällt (vgl. S. 12, Z. 27–30). Als ihn aber Woyzeck im zweiten Teil der Szene gedanklich-argumentativ fordert,

Sprache als Spiegelbild des Charakters

stößt der Hauptmann schnell an seine intellektuellen Grenzen (vgl. S. 13, Z. 5 – 6). „[G]anz angegriffen" bricht er das Gespräch auf selbstherrliche Weise ab (S. 13, Z. 32 – 34).

Der von Büchner auf die Bühne gestellte Vertreter des höheren Militärs entspricht in seiner Mentalität exakt einem Typus, der für die soziale Realität zur Entstehungszeit des Dramas durchaus repräsentativ ist: Es handelt sich um einen gesellschaftliches Ansehen genießenden, gut besoldeten Offizier, der aber über keine vertiefte Bildung verfügt und der aufgrund des täglichen Einerleis in Friedenszeiten sowie seiner Verpflichtung zur Ehelosigkeit zum Müßiggang verurteilt ist. Die Macht über Untergebene stellt einen wichtigen Pfeiler seines Selbstbildes dar.

Der Hauptmann als gesellschaftlicher Typus

Szene 6: Kammer

Marie und der Tambourmajor haben ein Rendezvous in Maries Kammer. Marie ist sichtlich fasziniert von der körperlichen Ausstrahlung des Tambourmajors. Dies beweisen ihre sprachlichen Vergleiche aus dem Tierreich („wie ein Rind", S. 14, Z. 4; „wie ein Löw", S. 14, Z. 4 – 5). Das Interesse des Tambourmajors an ihr erlebt Marie als gesellschaftliche Aufwertung. Dieser Empfindung verleiht sie mit einem umformulierten Vers aus dem kirchlichen Rosenkranzgebet Ausdruck: „Ich bin stolz vor allen Weibern" (S. 14, Z. 5) statt „Du bist gebenedeit unter den Weibern".

Die Attraktivität des Tambourmajors

Der Tambourmajor wiederum schätzt an Marie ebenfalls ihre physischen Attribute, die einen animalischen Fortpflanzungstrieb in ihm wecken: „Sapperment, wir wollen eine Zucht von Tambour-Majors anlegen." (S. 14, Z. 10 – 11) Diese ordinären Worte verstimmen Marie (vgl. S. 14, Z. 13), weshalb sie sich den körperlichen Annäherungsversuchen ihres Liebhabers zunächst widersetzt. Dies stachelt den Tambourmajor jedoch noch mehr an, bis sich Marie ihm hingibt. Mit ihrer Aussage „Es ist alles eins" (S. 14, Z. 17) bringt sie – ebenso wie mit ihrer Formulierung aus Szene 4

Die sexuelle Vereinigung

(vgl. S. 11, Z. 33–34) – ihre Absage an eine moralische Weltordnung zum Ausdruck.

Die Affäre zwischen Marie und dem Tambourmajor und damit der Betrug Maries an Woyzeck erreichen in dieser Szene mit dem Vollzug des Geschlechtsakts ihren Höhepunkt. Außerdem werden die wesentlichen Motive der Beteiligten deutlich gemacht: Im Vordergrund steht keineswegs eine innere Zuneigung, sondern die Befriedigung körperlicher Begehrlichkeiten. In diesem Zusammenhang liegt die Vermutung nahe, dass der körperlich geschwächte Woyzeck dies seiner Partnerin nicht bieten kann.

Die Funktion der Szene

Szene 7: Auf der Gasse

Marie und Woyzeck begegnen sich auf der Straße. Woyzeck befindet sich in fiebriger Erregung, deren Ursache innerhalb der Szene jedoch im Dunkeln bleibt. Aber es ist offensichtlich, dass Woyzecks Zustand körperlicher Schwäche mit dem Ernährungsexperiment des Doktors zusammenhängt (vgl. Szene 8). In seinen mit religiösen Vorstellungen und Begriffen (z. B. „Sünde", S. 14, Z. 24; „Engelchen", S. 14, Z. 25) durchsetzten Wahnvorstellungen erahnt Woyzeck den Treubruch Maries (vgl. S. 14, Z. 24–28) und stellt sie deshalb zur Rede (vgl. S. 14, Z. 30).

Woyzeck im Fieberwahn

Marie ist anfangs merklich eingeschüchtert vom irren Auftreten Woyzecks (vgl. S. 14, Z. 22). Sie gewinnt jedoch rasch wieder an Sicherheit und leugnet dreist ihren Fehltritt (vergleiche vor allem die Regieanweisung „*keck*", S. 15, Z. 5).

Maries Leugnen

Innerhalb des Handlungsverlaufs markiert die Szene den Punkt, an dem der Konflikt zwischen Woyzeck und Marie offen ausbricht. Denn Woyzeck wird klar, dass sogar seine eigene Partnerin nicht ehrlich mit ihm umgeht, sondern ihn betrügt.

Woyzeck als Betrogener

Szene 8: Beim Doktor

Woyzeck hat sich dem Arzt gegen Geld (vgl. S. 15, Z. 10–11) für ein Experiment zur Verfügung gestellt. Der Doktor will überprüfen, wie sich einseitige Ernährung auf den Stoffwechsel auswirkt. Sein menschliches Untersuchungsobjekt hat sich vertraglich dazu verpflichtet, sich für einen gewissen Zeitraum ausschließlich von Erbsen zu ernähren (vgl. S. 15, Z. 20–21). Der Doktor wiederum nimmt regelmäßig Urinproben von ihm (vgl. S. 15, Z. 24–25) und misst seinen Puls (vgl. S. 16, Z. 34). Bei diesem Besuch zeigt sich der Doktor sehr unzufrieden, da er Woyzeck kurz zuvor dabei beobachten musste, wie er auf der Straße uriniert hat (vgl. S. 15, Z. 9–10). Nun befürchtet er, dass Woyzeck ihm diesmal keine Probe abgeben könne (vgl. S. 15, Z. 26–27). Er wird jedoch schnell wieder aufmerksam, als Woyzeck Ausfallerscheinungen aufgrund der Mangelernährung zeigt und zu fantasieren beginnt (vgl. S. 16, Z. 13–16). Diese Reaktion erhöht sein Interesse am „Subjekt Woyzeck" (S. 16, Z. 33) so sehr, dass er ihm sogar eine Zulage verspricht (vgl. S. 16, Z. 33–34).

In dieser Szene lässt Büchner zwei unterschiedliche philosophische Grundeinstellungen zusammenprallen. Der Doktor ist überzeugter Idealist. Er glaubt an die Kraft der Ideen und an die Vorherrschaft des geistigen Prinzips in der Welt. Woyzeck dagegen repräsentiert den Materialismus, für den alles Geistige an die Bedingungen der Materie geknüpft ist. Im Weltbild des Doktors ist es die Freiheit, die den Menschen auszeichnet (vgl. S. 15, Z. 17–18). Als Woyzeck sein Wasserlassen als Trieb der „Natur" (S. 15, Z. 13) rechtfertigen will, beharrt der Doktor auf dem Vorrang der Willenskraft vor körperlichen Bedürfnissen (vgl. S. 15, Z. 15–16). Auch sein Bestehen auf Einhaltung der vertraglichen Regelungen („Ein Mann von Wort.", S. 15, Z. 7) wird durch dieses Weltbild erklärbar. Das Wesen eines Vertrags besteht in der freiwilligen Übereinkunft zweier selbst-

Woyzeck als Versuchskaninchen

Idealismus gegen Materialismus

verantwortlicher Vertragspartner. Da Woyzeck freiwillig zugestimmt hat, müssen den Doktor auch nicht die gesundheitlichen Folgen seines Experiments für Woyzeck interessieren. Woyzeck dagegen sieht sich von körperlichen Zwängen gelenkt. Auch seine Einwilligung in den Vertrag mit dem Doktor kann kaum als Akt freier Entscheidung verstanden werden. Er ist aufgrund seiner sozialen Situation auf das Geld angewiesen (vgl. S. 16, Z. 29–30) und hat deshalb keine echte Wahlmöglichkeit.

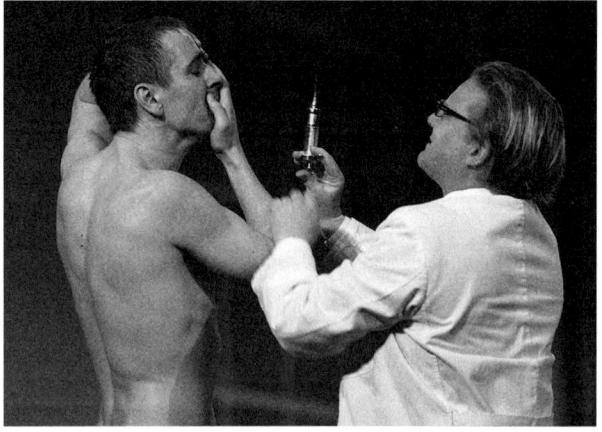

Woyzeck und der Doktor (München 2007)

Der Arzt verkörpert in dieser Szene den Typ des skrupellosen Wissenschaftlers. Zunächst einmal ist er ausschließlich daran interessiert, die Welt experimentell zu erkunden. Dabei nutzt er nicht nur Woyzeck aus, sondern beobachtet auch sich selbst als Objekt wissenschaftlicher Neugier (vgl. S. 15, Z. 29–31). Die innere Triebfeder seines Handelns scheint vor allem der Forscherehrgeiz zu sein: Er hat kein geringeres Ziel, als mit seinen Erkenntnissen die Wissenschaft zu revolutionieren (vgl. S. 15, Z. 21–22).

Der Doktor als skrupelloser Wissenschaftler

Der vordergründig wissenschaftliche Charakter seines Weltbilds drückt sich auch in seiner Sprache aus. So verwendet er beeindruckende Fachausdrücke (vgl. S. 16, Z. 22–25), mit denen er den ungebildeten Laien Woyzeck auf Distanz hält. Als dieser unbeholfen versucht, sich ebenfalls mithilfe einer Fachsprache zu artikulieren, schneidet ihm der Doktor herablassend das Wort ab: „Woyzeck, Er philosophiert wieder." (vgl. S. 16, Z. 12) Angesichts seiner sprachlichen Unterlegenheit scheidet er als ernsthafter Gesprächspartner für den Doktor von vornherein aus. Die Annahme vieler Interpreten, der vom Doktor gebrauchte Begriff „Hyperoxydul" (S. 15, Z. 23) sei in sich widersprüchlich und entlarve damit die fehlende Fachkompetenz des Doktors, trifft nicht zu. Zur Zeit Büchners war der Begriff in der Chemie üblich.[1]

Sprache als Machtmittel

In dieser Szene demonstriert Büchner die Abhängigkeit des individuellen Weltbilds von den jeweiligen gesellschaftlichen Bedingungen. Der Doktor kann es sich aufgrund seiner gehobenen beruflichen und sozialen Position leisten, ein idealistisches Weltbild zu vertreten und die Freiheit des Menschen zu behaupten. Diese Haltung wird jedoch durch die Existenzbedingungen Woyzecks unmittelbar widerlegt. In seinem primär von materiellen Zwängen bestimmten Leben gibt es keine echte Freiheit. Vielmehr nutzt der Doktor seine Machtposition gegenüber Woyzeck gewissenlos aus und treibt ihn mit seinem Experiment systematisch in die körperliche und geistige Zerrüttung.

Bedeutung der Szene

Szene 9: Straße

Das dynamische Gehtempo des Doktors bereitet dem konditions- und kraftlosen Hauptmann große Probleme, auf der Straße mit ihm Schritt zu halten (vgl. S. 17, Z. 1–2, 5). Deshalb rät er dem Doktor eindringlich zu einem ruhigeren Lebensrhythmus. Wie schon in Szene 5 gegenüber Woy-

---

[1] Vgl. den Eintrag zu „Hyperoxydul" in Pierer's Universal-Lexikon, Band 8, Altenburg 1859, S. 679; www.zeno.org/Pierer-1857/A/Hyperoxydul (Stand: 16.11.09)

zeck dargelegt, rechtfertigt er auch dieses Mal die Gemächlichkeit als Ausweis für ein „gutes Gewissen" (S. 17, Z. 7). Außerdem will er mit seiner Ermahnung den Doktor davon abhalten, sich zu Tode zu hetzen (vgl. S. 17, Z. 6–7). Mitten im Satz abbrechend (vgl. S. 17, Z. 10), macht er dann aber sogleich wieder die eigene Befindlichkeit zum Thema: Der Anblick seines ungebraucht an der Wand hängenden Soldatenrocks, Symbol seiner Beschäftigungslosigkeit, versetzt ihn in Selbstmitleid (vgl. S. 17, Z. 11–13). Der Doktor, offenbar genervt von der Weinerlichkeit des Offiziers, nutzt die Gelegenheit, um ihm seine Überlegenheit zu demonstrieren und ihn ordentlich zu erschrecken. Zunächst leitet er aus der Körperfülle des Hauptmanns ein deutlich erhöhtes Schlaganfallrisiko ab, um ihm dann die Folgen eines in naher Zukunft zu erwartenden Gehirnschlags in drastischer Weise zu beschreiben (vgl. S. 17, Z. 14–23). Als zynische Spitze bekundet er darüber hinaus sein wissenschaftliches Interesse an Experimenten mit dem künftigen Patienten (vgl. S. 17, Z. 23–24). Der Hauptmann seinerseits reagiert verärgert (vgl. S. 17, Z. 25–27), und so endet der Dialog mit gegenseitigen verbalen Boshaftigkeiten (vgl. S. 17, Z. 29 – S. 18, Z. 2).

Rivalität zwischen Hauptmann und Doktor

Büchners Skizze des Doktors und des Hauptmanns am Rand einer Manuskriptseite

Als in diesem Moment der gehetzte Woyzeck vorbeiläuft, verwickeln ihn der Hauptmann und der Doktor in ein Gespräch. Der Hauptmann beginnt mit seiner üblichen Aufforderung, es langsamer angehen zu lassen (vgl. S. 18, Z. 4–5). Seine Bezeichnung Woyzecks als „offenes Rasiermesser" (S. 18, Z. 5–6) deutet darauf hin, dass er seinen Untergebenen vor allem von seiner täglichen Rasur (vgl. Szene 5) kennt. Seine weiteren Ausführungen, die sich mit der Bartrasur im Militär beschäftigen, wirken zunächst fabulierend und geschwätzig, münden aber in verletzende Anspielungen auf die Untreue Maries (vgl. S. 18, Z. 14–18). Um die Wirkung seiner Worte auf Woyzeck zu steigern, nimmt er seine Andeutungen vorübergehend zurück (vgl. S. 18, Z. 18–20), um sie dann umso deutlicher auszusprechen (vgl. S. 18, Z. 22–25).

Die Verhöhnung Woyzecks

Die körperlichen und seelischen Reaktionen Woyzecks fallen entsprechend markant aus: Er wird „kreideweiß" (S. 18, Z. 26), sein Puls ist schnell und ungleichmäßig (vgl. S. 18, Z. 31–32). Um einen möglichen Scherz des Hauptmanns auszuschließen, entblößt Woyzeck sein Innerstes („ich bin ein arm Teufel, – und hab sonst nichts auf de Welt", S. 18, Z. 27–28). Als klar wird, dass die Anspielungen ernst gemeint sind, steigert er sich in einen wirren Gemütszustand hinein (vgl. S. 19, Z. 1–3), der seine Wirkung auf den Hauptmann nicht verfehlt: „Kerl, will Er erschossen werden [...]? Er ersticht mich mit seinen Augen" (S. 19, Z. 4–6). Der körperliche Zustand Woyzecks (vgl. S. 19, Z. 8–9) weckt wiederum das Interesse des Doktors an dem „Phänomen" (S. 19, Z. 19), wobei zweifelsohne die von ihm verordnete Erbsenkur die Grundlage für die extreme Reaktion seines Patienten gelegt hat. Der Abgang Woyzecks wird von obskuren Andeutungen begleitet (vgl. S. 19, Z. 10–17). Diese deuten auf Aggressionsbereitschaft („hineinzuschlagen", S. 19, Z. 13) und auf eine bevorstehende Entscheidung Woyzecks („Ich will drüber nachdenke.", S. 19, Z. 16–17) hin.

Woyzecks Reaktionen

Während der Doktor seinem Studienobjekt hinterherrennt, beschließt ein Selbstgespräch des Hauptmanns die Szene, aus dem hervorgeht, wie wenig er den existenziellen Charakter des Gesprächs erfasst hat. Das Hinwegeilen Woyzecks und des Doktors ist für ihn lediglich ein groteskes Ereignis (vgl. S. 19, Z. 24).

Die Wahrnehmung der Situation durch den Hautpmann

Bei genauerem Hinsehen offenbaren sich jedoch verbreitete Spielregeln sozialen Verhaltens: Aus dem anfänglichen Konflikt zwischen zwei Vertretern des Bürgertums entwickelt sich umgehend ein Bündnis gegen den Schwächeren, den man ungestraft drangsalieren kann und der aufgrund seiner sozial bedingten Unterlegenheit, seiner privaten Verletzlichkeit sowie seiner psychischen Labilität ein leichtes Opfer darstellt. Das Lebensgesetz der von Büchner dargestellten Gesellschaft ist der egoistische Kampf um Macht und Einfluss, in dem erbarmungslos jede Schwäche des anderen ausgenutzt wird. Für Woyzeck hat dies fatale Folgen, da er immer tiefer in eine seelische Krise getrieben wird.

Gesellschaftliche Verhaltensmuster

Zwei Welten: Idealismus und Materialismus

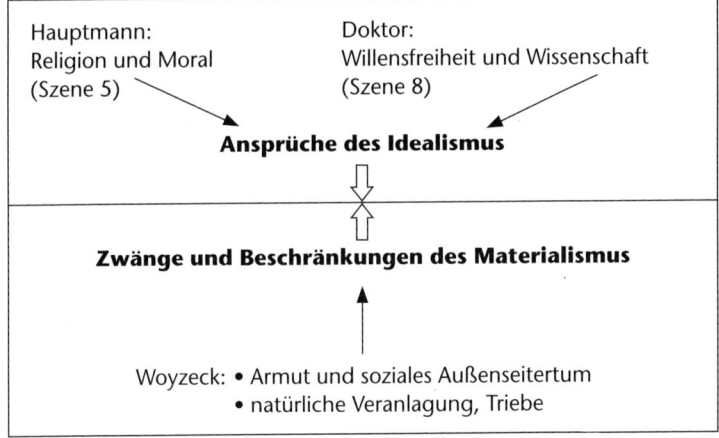

Szene 10: Die Wachstube

Woyzeck und Andres halten sich in ihrer Wachstube auf.

Schwüle Sommeratmosphäre

Das Wetter ist ausnehmend schön und von außerhalb der Stadt ist Tanzmusik zu vernehmen (vgl. S. 20, Z. 1). Dass die Vergnügen suchenden Menschen „dampfe[n]", also schwitzen (vgl. S. 20, Z. 2), deutet auf eine Atmosphäre schwüler und damit auch sinnlicher Ausgelassenheit hin.

Andres' schlichte Ausgeglichenheit äußert sich im Singen

Woyzecks innere Unruhe

eines Studentenlieds. Dessen Inhalt kann im Kontext der dramatischen Handlung als Anspielung auf ehebrecherische Soldaten verstanden werden (vgl. vor allem S. 20, Z. 7–9). Woyzeck dagegen ist von großer innerer Unruhe erfüllt (vgl. S. 20, Z. 10). Offenbar verstärkt die Vorstellung tanzender Menschen seine vom Hauptmann geschürten Eifersuchtsfantasien, wobei die drehenden Tanzbewegungen seinem verwirrten Gemütszustand entsprechen (vgl. S. 20, Z. 12). Die „heiße[n] Händ[e]" (vgl. S. 20, Z. 13) der Tänzer wiederum deuten auf erotische Annäherungen zwischen ihnen hin. Schließlich hält Woyzeck die hitzige Spannung in der Wachstube nicht mehr aus (vgl. S. 20, Z. 17). In dieser Szene vollzieht sich ein Wandel in der Einstellung Woyzecks. Angetrieben von brennender Eifersucht fasst er den Entschluss, sich selbst von der Untreue Maries zu überzeugen. Damit bereitet das Gespräch in der Wachstube die folgende Wirtshausszene vor.

Szene 11: Wirtshaus

Das zentrale Handlungsmoment dieses Abschnitts besteht

Gesellschaftstheater

darin, dass Woyzeck zum Augenzeugen der Affäre zwischen Marie und dem Tambourmajor wird. Gleichzeitig kommt der Szene eine sinnbildliche Funktion zu, da in ihr gewissermaßen ein sozialkritisches Gesellschaftstheater aufgeführt wird.

Dieses Prinzip des „Theaters auf dem Theater" ist bereits an der Bühnengestaltung ablesbar: Der Spielort, also die Stube des Gasthauses, ist abgegrenzt vom Außenbereich, den „Bänke" (S. 20, Z. 18) als Zuschauerbereich kenntlich machen. Woyzeck verfolgt die Geschehnisse im Wirtshaus von außen (vgl. S. 21, Z. 6–7) und bleibt damit als Betrachter von der Handlung ausgeschlossen. Bühnen-
gestaltung

Die Aufführung auf der Wirtshausbühne wird von einer Unterhaltung zwischen zwei Handwerksburschen eingeleitet, die sich in ihrem schwer betrunkenen Zustand offensichtlich verbrüdert haben (vgl. S. 20, Z. 23). Dabei zeigen sie unterschiedliche Reaktionen auf die Alkoholisierung: Der erste Handwerksbursch empfindet angesichts des Konflikts zwischen der Schönheit der Welt und ihrer Vergänglichkeit einen schweren Weltschmerz (vgl. S. 20, Z. 27–32), während der zweite Handwerksbursch Aggressionen entwickelt (vgl. S. 20, Z. 23–26). Das anschließend von anderen Anwesenden angestimmte Jägerlied (vgl. S. 21, Z. 1–5) lässt sich als Anspielung auf die dramatische Handlung verstehen und bezieht sich auf Männer vom Schlage des Tambourmajors, der sich Marie als Opfer seiner sexuell motivierten Eroberungsjagd ausgewählt hat. Der erste Teil der Szene dient somit gewissermaßen als Panorama einer von männlichen Werten geprägten Gesellschaft, deren Lebensinhalt sich hauptsächlich um Kraftmeierei und Sex dreht. Im Suff auftauchende Sinnfragen werden sogleich wieder durch Alkohol betäubt (vgl. S. 20, Z. 30–32). Die Werte der
Gesellschaft

Die Idee des Gesellschaftstheaters entlehnt Büchner dem Zeitalter des Barock und dessen Leidenschaft für sinnbildliche Darstellungen. Einen wichtigen Hinweis auf die Vorbildfunktion dieser Epoche bietet der Szenenschluss. Er besteht aus einer Persiflage[1] des für die Barockzeit typischen Die persiflierte
Barockpredigt

---

[1] Persiflage: ironisierende bzw. übertriebene Nachahmung mit dem Ziel des Spottes

Predigtstils. Diese populäre rhetorische Form zeichnet sich durch große Anschaulichkeit und Eindringlichkeit der vermittelten religiösen Lehren aus. Büchners Variante bedient sich zunächst einmal unverkennbar barocker Grundmotive, beispielsweise dem der Vergänglichkeit alles Diesseitigen. Die Formulierung „alles Irdische ist eitel" (S. 21, Z. 30–31) spielt dabei unverkennbar auf das Gedicht „Es ist alles eitel" (1637) von Andreas Gryphius (1616–1664) an. Außerdem übernimmt Büchner barocktypische Stilkennzeichen, vor allem auf Veranschaulichung abzielende Metaphern (vgl. S. 21, Z. 20–21), Beispielhäufungen (vgl. S. 21, Z. 24) oder auch die der Eindringlichkeit dienenden Wiederholungen (vgl. S. 21, Z. 22–23). Allerdings wird der ursprünglich christliche Sinn der Predigt in sein Gegenteil verkehrt: Der Zweck der menschlichen Existenz wird allein in seinem materialistischen Nutzen für die verschiedenen Berufsstände gesehen (vgl. S. 21, Z. 22–26). Konsequenterweise predigt in diesem Drama auch kein Priester von einer Kanzel, sondern ein betrunkener Handwerksbursch von einem Wirtshaustisch herunter (vgl. S. 21, Z. 19).

Eingebettet zwischen diese Handlungselemente ist der Tanz Maries und des Tambourmajors vor den Augen Woyzecks. Maries selbstvergessene Worte „Immer zu, immer zu" (S. 21, Z. 8) machen deutlich, dass sie sich dem erotischen Rausch des Tanzes ergeben hat. Dieser schockierende Auftritt schnürt Woyzeck im ersten Moment geradezu die Luft ab („*erstickt*", S. 21, Z. 9). Dann springt er voller Erregung auf, um sofort wieder resignierend zusammenzusinken (vgl. S. 21, Z. 9–10). Die menschliche Verletzung, die der Verrat Maries an ihm darstellt, registriert er zunächst als Beweis für die allgemeine moralische Verkommenheit (vgl. S. 21, Z. 12–14). Die Menschheit sieht er aufgrund ihres unzüchtigen und schamlosen Verhaltens auf derselben Stufe wie die primitivsten Lebewesen („wie die Mücken", S. 21, Z. 15). Angesichts eines solch pessimistischen Weltbilds ist auch die

Woyzeck als Augenzeuge des Verrats

Sonne als Symbol göttlicher Anwesenheit sinnlos geworden (vgl. S. 21, Z. 12). Woyzeck verharrt jedoch nicht lange in dieser Hoffnungslosigkeit, sondern konzentriert sich wieder auf seine Beziehungssituation. Erneut springt er auf (vgl. S. 21, Z. 16), angestachelt vom Neid auf seinen Rivalen (vgl. S. 21, Z. 16–18). Die emotionale Verbundenheit mit Marie bedeutet ihm nichts mehr. Nun geht es auch ihm nur noch um das körperliche Besitzen einer Frau.

Spiel im Spiel

Handlungen der Schauspieler auf der Bühne	Wirkung auf die Zuschauer
I. Gespräch der zwei Handwerksburschen	Woyzecks emotionale Reaktionen
II. Tanz Maries mit dem Tambourmajor	
III. Predigt des betrunkenen Handwerksburschen	

Gastraum = Theaterbühne	**Außenbereich = Zuschauerraum**

Die Szene nimmt zum einen eine Schlüsselrolle in der dramatischen Handlung ein, da Woyzeck zum ersten Mal unmittelbar die Treulosigkeit seiner Partnerin erleben muss. Zum anderen stellt die Rahmenhandlung das individuelle Schicksal Woyzecks in einen größeren gesellschaftlichen Zusammenhang. Egoismus, Werte- und Orientierungslosigkeit bilden die Grundregeln der Gesellschaft. Diese lassen ein Leben in Treue von vornherein nicht zu.

Maries Treulosigkeit als Spiegel der Gesellschaft

Bild: Die Stufen der Verführung Maries

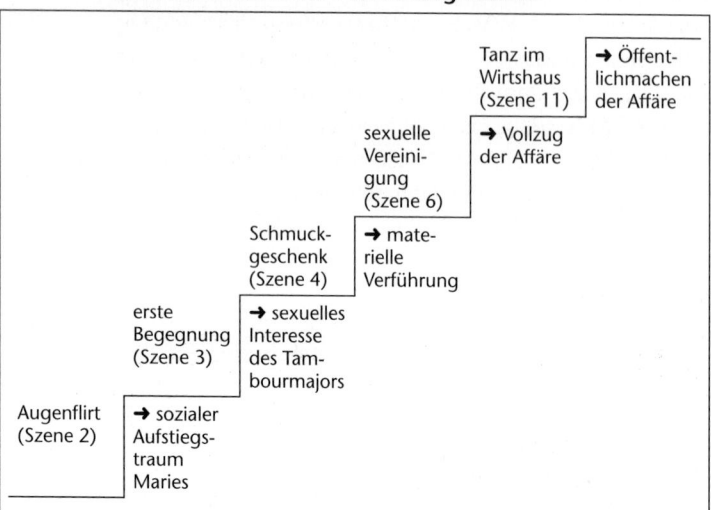

Szene 12: Freies Feld

Diese Szene weist direkte Bezüge auf Szene 1 auf: Woyzeck befindet sich erneut auf einem freien Feld und damit außerhalb der Stadt, und wiederum wird er zum Opfer düsterer halluzinatorischer Fantasien.

Seine Eingangsworte „Immer zu! Immer zu!" (S. 22, Z. 1) knüpfen an ein Zitat aus der vorangegangenen Wirtshausszene an, in der Woyzeck Gewissheit über die Unehrlichkeit Maries erhalten hat. Diese Entdeckung ist ohne Zweifel der Auslöser für die fortschreitende Intensivierung seiner Geistesstörung. So vermeint er Stimmen aus der Tiefe zu vernehmen, die ihm den Messermord an der „Zickwolfin", also an Marie, befehlen (vgl. S. 22, Z. 3–4). Der Begriff „Zickwolfin" kann als Neologismus (Wortneuschöpfung) aus den Wortbestandteilen „Zicklein" und „Wölfin" und damit metaphorisch verstanden werden: Das brave Zicklein Marie hat sich im Leben Woyzecks als reißende Wölfin entpuppt.

Wahnsinnige Mordgedanken

Der übersteigerte Erregungszustand Woyzecks zeigt sich auch in seiner Sprache. Der Satzbau ist aus Bruchstücken zusammengesetzt. Der Gedankengang wirkt deshalb sprunghaft und gehetzt. Zusätzlich unterstreichen Ausrufe- und Fragesätze den Zustand Woyzecks zwischen Aufregung und Orientierungslosigkeit. Ständige Wortwiederholungen verraten Konzentrationslosigkeit und Bewusstseinsverfall.

Die Sprache des Wahnsinns

Szene 13: Nacht

Woyzeck und Andres nächtigen in der Kaserne. Auch an diesem Ort wird Woyzeck von seinen halluzinatorischen Fantasien verfolgt, die ihm keinen Schlaf lassen (vgl. S. 22, Z. 7–10). Dabei hört er sogar Stimmen aus den Zimmerwänden, eigentlich ein Sinnbild für Geborgenheit und Schutz. Als Woyzeck sich Hilfe suchend an Andres wendet, versucht ihn dieser zu beruhigen, schläft aber sofort wieder ein (vgl. S. 22, Z. 11–12). Woyzecks Unruhe kann ihn, anders als in Szene 1, nicht anstecken. Offenbar hat er sich mit den Anwandlungen seines Kameraden inzwischen beschäftigt und im Glauben ein Gegengewicht gefunden („Gott behüt uns, Amen.", S. 22, Z. 11). Für Woyzeck jedoch sind seine Mordfantasien inzwischen ein ständiger Begleiter geworden (vgl. S. 22, Z. 13–14). Auf Andres wirkt er deshalb wie ein Fieberkranker (vgl. S. 22, Z. 15–16).

Wahnsinn als Dauerzustand

Szene 14: Wirtshaus

Im Wirtshaus kommt es zur direkten Konfrontation zwischen Woyzeck und dem schwer betrunkenen Tambourmajor. Dieser gebärdet in kraftmeierischer Pose seine Männlichkeit (vgl. S. 22, Z. 18–19) und ist offensichtlich auf Streit aus (vgl. S. 22, Z. 20–21). Seine brutale Sprache entlarvt ihn ebenfalls als primitiven Kraftmenschen, der sich seiner körperlichen Überlegenheit bewusst ist (vgl.

S. 22, Z. 21, 25–26; S. 23, Z. 1–2). Als er Woyzeck provoziert (vgl. S. 22, Z. 22–23) und dieser sich darauf einlässt (vgl. S. 22, Z. 24), kommt es zu einer Schlägerei, aus der der Tambourmajor als klarer Sieger hervorgeht. Der aufgrund seines Schwächezustands völlig chancenlose Woyzeck ist nach dem Ringkampf derart erschöpft, dass er zittert (vgl. S. 23, Z. 3). Die Szene verweist mehrfach zurück auf Details in der vorherigen Wirtshausszene (vgl. Szene 11). So spricht der Tambourmajor ebenso wie der erste Handwerksbursch übermäßig dem „Branndewein" zu (vgl. S. 20, Z. 22; S. 23, Z. 5–6). Außerdem gleicht sein aggressiv-männliches Auftreten dem des zweiten Handwerksburschen (vgl. S. 20, Z. 25–26). Woyzeck wiederum, der in Szene 11 als Betrachter auf der Bank saß, wird nun geradezu auf seinen Zuschauerplatz zurückgeprügelt (vgl. S. 23, Z. 3). Er hat keinerlei Möglichkeit, sich in der offenen Auseinandersetzung gegen den Tambourmajor durchzusetzen. Mit den Worten „Eins nach dem andern" (S. 23, Z. 9) deutet sich an, dass er von nun an einen anderen Plan verfolgt, nämlich die Ermordung Maries.

Woyzecks Niederlage gegen den Tambourmajor

Woyzeck und der Tambourmajor

Ursachen für Woyzecks Mord an Marie

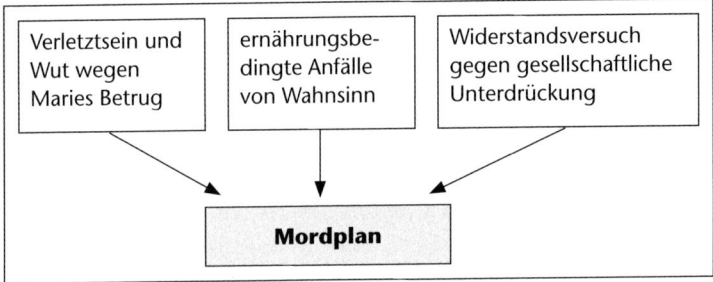

Szene 15: Kramladen

Woyzeck kauft in einem Kramladen ein Messer. Dass er vorgibt, der Kaufpreis spiele keine Rolle (vgl. S. 23, Z. 19–21), lässt auf eine völlige innere Selbstaufgabe schließen. In der betont klischeehaft gestalteten Figur des geschäftstüchtigen jüdischen Kramladenbesitzers enttarnt Büchner die meist aus Sozialneid entstandenen antisemitischen Vorurteile der zeitgenössischen Gesellschaft (vgl. S. 23, Z. 17, 21). Außerdem spielt er auf direkte Zusammenhänge zwischen den sozialen Verhältnissen und dem geplanten Mord an. Da Woyzeck eine angebotene Pistole zu teuer ist (vgl. S. 23, Z. 11), hängt selbst die Wahl der Tatwaffe von ökonomischen Zwängen ab.

Der Kauf der Mordwaffe

Szene 16: Kammer

Marie hält sich mit ihrem Kind sowie mit Karl, einem geistig Zurückgebliebenen, in ihrer Kammer auf und liest ratsuchend in der Bibel. Dabei stößt sie auf drei Textstellen aus dem Neuen Testament, die sie besonders auf ihre Situation bezieht. Zunächst wird ihr im Vergleich mit den Idealen Jesu („‚Und ist kein Betrug in seinem Munde erfunden'", S. 23, Z. 23–24) schmerzlich die Sündhaftigkeit ihres Betrugs an Woyzeck bewusst (vgl. S. 23, Z. 24–25). Auch aus der zweiten Textstelle, in der Jesus einer Ehebrecherin vergibt (vgl. S. 23, Z. 25–28), kann sie keinen Trost schöpfen.

Marie als Sünderin

Der Aufforderung Christi, das sündhafte Verhalten zu ändern, fühlt sie sich nicht gewachsen (vgl. S. 23, Z. 29 – S. 24, Z. 1). Außerdem beneidet sie die reuige Sünderin (dritte Bibelstelle, vgl. S. 24, Z. 10 – 13) um deren innere Glaubensgewissheit (vgl. S. 24, Z. 14), die ihr selbst fehlt („Alles tot!", S. 24, Z. 13).

Die Situation Maries Die Szene zeigt also eine Marie, die, vom schlechten Gewissen geplagt, versucht, sich mit ihrer persönlichen Lage auseinanderzusetzen. Dies wird auch an anderen Stellen deutlich: So erinnert sie ihr gemeinsames Kind mit Woyzeck ständig an ihren Fehltritt (vgl. S. 24, Z. 1 – 3). Auch die tagelange Abwesenheit Woyzecks gibt ihr zu denken (vgl. S. 24, Z. 8 – 9). Das Fenster, in Szene 2 noch ein Kommunikationskanal zwischen den beiden, öffnet sie diesmal vergeblich.

Die Rolle des Narren Unterdessen erzählt der gedankenabwesende Karl sich selbst Märchen, die eine Vorausdeutung des bevorstehenden Verbrechens darstellen (vgl. S. 24, Z. 4 – 7). Damit greift Büchner eine literarische Tradition auf, der zufolge der Narr als Künder unbequemer Wahrheiten auftritt, wie es auch die volkstümliche Formulierung „Narrenmund tut Wahrheit kund" ausdrückt.

Szene 17: Kaserne

Woyzecks Tatwille Woyzeck schenkt Andres seine Habseligkeiten: Ein Hemd, ein Kreuz, ein Ring sowie ein Heiligenbild (vgl. S. 24, Z. 16 – 19). Offenbar hat Woyzeck mit seiner bisherigen Existenz abgeschlossen, um sein Mordvorhaben an Marie in die Tat umzusetzen, wie er in einer düsteren Anspielung verrät (vgl. S. 25, Z. 3 – 4).

In dieser Szene ist besonders auffällig, dass Büchner mithilfe mehrerer Andeutungen gewisse Zusammenhänge zwischen den bevorstehenden Ereignissen sowie dem Opfertod Jesu herstellt. So wertet der auf dem Heiligenbild abgedruckte religiöse Sinnspruch (vgl. S. 24, Z. 21 – 24) persön-

Woyzeck als moderner Jesus?

liches Leiden als Möglichkeit zur Nachfolge Christi. Zudem ist Woyzeck an Mariä Verkündigung geboren (vgl. S. 24, Z. 30), also am Gedenktag für die Verheißung der Geburt Jesu an Maria. Zum Zeitpunkt der Handlung ist er „30 Jahr" alt (S. 24, Z. 30–31), ebenso wie Jesus von Nazareth zu Beginn seines öffentlichen Wirkens (vgl. Lk 3, 23).

Andres steht der Entschlossenheit Woyzecks völlig hilflos gegenüber (vgl. S. 24, Z. 27). Wie bereits in Szene 13, so erklärt er sich den Zustand seines Freundes wiederum mit starkem Fieber (vgl. S. 25, Z. 1–2). Offenbar entfernt sich Woyzeck immer weiter von seinem Freund Andres und damit zugleich von einem wichtigen sozialen Bindeglied zur normalen Alltagswelt.

Andres' Ratlosigkeit

Szene 18: Der Hof des Doktors

Der Doktor will seinen Studenten ein wissenschaftliches Experiment demonstrieren. Die Aufgabe des Gehilfen Woyzeck besteht darin, vom Dachfenster eine Katze in den Hof hinabzuwerfen, um ihre Reaktion beobachten zu können.

Dieser Szenenbeginn zeichnet sich durch seine satirische Wirkung aus. Sie entsteht zunächst durch den enormen Kontrast zwischen dem hochtrabenden Anspruch des Experiments einerseits (vgl. S. 25, Z. 8–17) und der Banalität des Untersuchungsgegenstandes andererseits. Des Weiteren kommt das vom Doktor mit großen Worten angekündigte Experiment gar nicht zur praktischen Ausführung, da Woyzeck zu ängstlich mit dem Tier umgeht (vgl. S. 25, Z. 18–20). Als die Katze schließlich entkommt, wirft ihr der Doktor allen Ernstes fehlenden „wissenschaftlichen Instinkt" (S. 25, Z. 26–27) vor.

Elemente einer Wissenschaftssatire

Aber auch der Doktor selbst scheint letztlich nicht allzu viel Wert auf die Durchführung des Katzenexperiments zu legen, da er dem Zustand Woyzecks ungleich mehr Interesse entgegenbringt. Dieser ist von der dauernden Fehlernährung mit Erbsen inzwischen schwer gezeichnet. Er zittert

Woyzeck als Demonstrations-objekt

(vgl. S. 25, Z. 21), hat einen unruhigen Puls (vgl. S. 25, Z. 30), auffällige Augenbewegungen (vgl. S. 25, Z. 30–31), einen sehr schwachen Kreislauf („es wird mir dunkel", S. 25, Z. 32), und auch seine Haare sind inzwischen dünn geworden (vgl. S. 26, Z. 13). Aber statt Mitleid zu empfinden, führt ihn der Doktor wie ein Stück Vieh vor, das die Studenten beliebig betasten können (vgl. S. 26, Z. 2–3). Mit der gleichen Respektlosigkeit fordert er Woyzeck auf, bestimmte Ohrbewegungen vorzumachen. Als Woyzeck Widerstreben zeigt (vgl. S. 26, Z. 7), geht er auf diesen Versuch seines Gegenübers, einen Rest an Würde zu bewahren, gar nicht ein. Vielmehr besteht er mit energischen Worten auf der Durchführung seiner Anordnung, wobei deutlich wird, dass er zwischen einer Katze und Woyzeck als Studienobjekt keinen großen Unterschied macht (vgl. S. 26, Z. 8–9).

In den Ohrbewegungen Woyzecks will der Doktor überdies „Übergänge zum Esel" (S. 26, Z. 10) nachweisen können. Ebenso wie schon in Szene 3 werden also auch hier Grenzlinien zwischen Mensch und Tier grundsätzlich infrage gestellt. Diese Nähe zum Tier wird als Folge der mütterlichen Erziehung dargestellt

„Woyzeck"
(frei nach Georg Büchner)
Regie: Parviz Barid

mitratheater

Plakat der „Woyzeck"-Aufführung im Mitra Theater (Frankfurt 2005)

Erziehungs-pessimismus

(vgl. S. 26, Z. 10–11). Die Philosophie der Aufklärung dagegen war noch davon ausgegangen, dass sich der Mensch durch die Erziehung zum Besseren weiterentwickle. Büchner erteilt somit dem Erziehungsoptimismus des 18. Jahrhunderts eine radikale Absage.

Betrachtet man den Aufbau der Szene, so beginnt sie mit einer kurzen, aber treffenden Satire auf den Hochmut des Wissenschaftlers. Der humoristische Effekt entsteht aus dem entlarvenden Kontrast zwischen dem übersteigerten Selbstbild des experimentierenden Wissenschaftlers und der trivialen Wirklichkeit seines Handelns. Für Woyzeck hat der Auftritt des Doktors jedoch sehr ernste Folgen. Er wird erneut als Versuchskaninchen entwürdigt, diesmal sogar vor Publikum, und auf die Stufe von Tieren gestellt. Trotz aller Lächerlichkeit des Doktors steht seine Macht über Woyzeck außer Frage.

Funktion der Szene

Die Folgen des Ernährungsexperiments für Woyzeck

Woyzecks Mangelernährung mit Erbsen

Körperliche Schwächung

- fiebriges Auftreten (S. 14, Z. 29; S. 22, Z. 15–16; S. 25, Z. 1–2)
- unregelmäßiger Puls (S. 18, Z. 31–32)
- unruhige Mimik (S. 19, Z. 8)
- körperliche Anspannung (S. 19, Z. 9)
- Zittern (S. 25, Z. 21)
- drohende Ohnmacht (S. 25, Z. 32)

Bewusstseinsstörungen

- innere Unruhe (S. 19, Z. 1–3; S. 20, Z. 3)
- Halluzinationen und Realitätsverlust (Szene 1; S. 16, Z. 13–16, Z. 18–21)
- Wahrnehmen innerer Stimmen (Szene 1; S. 12, 13)
- Verfolgungswahn (Szene 1; S. 8, Z. 2–4, Z. 6–7)

physischer und psychischer Verfall Woyzecks

Szene 19: Marie mit Mädchen vor der Haustür

Marie, drei Mädchen sowie die Großmutter befinden sich vor der Haustür. Die Kinder singen gemeinsam ein fröhliches Frühlingslied (vgl. S. 26, Z. 15–21). Die letzte Zeile stößt jedoch beim ersten Kind auf Unbehagen (vgl. S. 26, Z. 22). Es erahnt scheinbar instinktiv die in der Formulierung „rote Sock" (S. 26, Z. 21) enthaltene Vorausdeutung auf drohendes Unheil, da die Farbe Rot gemeinhin mit Blut in Verbindung gebracht wird. Zusammen mit Marie spielt man nun Ringelreigen. Maries Nennung von „König Herodes" (S. 26, Z. 33), der in der Bibel als Kindermörder dargestellt ist, beinhaltet eine zweite unheimliche Anspielung auf Kommendes. Davon offenbar beeindruckt, lenkt Marie ab, indem sie die Großmutter bittet zu erzählen (vgl. S. 26, Z. 34).

Bedeutungsschwere Kinderspiele

Die Großmutter übernimmt in ihrer Geschichte verschiedene Motive aus grimmschen Märchen, hier vor allem aus dem „Sterntaler". Dabei wendet sie jedoch die für Märchen übliche tröstende Grundaussage vom Sieg des Guten über das Böse radikal ins Gegenteil. Ein „arm Kind" (S. 27, Z. 1) findet sich allein und verlassen auf der Welt vor, auf der „alles tot" (S. 27, Z. 2) ist. In seiner Trauer und Not sucht es Trost bei den himmlischen Mächten (vgl. S. 27, Z. 5) und somit bei Gott. Die Symbole des Himmels – Mond, Sonne, Sterne – erweisen sich jedoch als trügerische Illusionen (vgl. S. 27, Z. 6–10). Bei der Rückkehr auf die Erde entpuppt sich sogar diese nur noch als umgedrehter Topf (vgl. S. 27, Z. 11–12). So erkennt das Kind seine totale existenzielle Einsamkeit (vgl. S. 27, Z. 12–14). Die Hoffnung auf göttliche Hilfe wird auf brutale Art und Weise enttäuscht.

Das Anti-Märchen der Großmutter

Dieses Anti-Märchen ist zunächst einmal eine metaphorische Illustration zur Philosophie des Materialismus, der jedwede idealistische Hoffnung auf einen gerechten Gott als Täuschung ablehnt. Außerdem kann es als Gleichnis

Deutungsmöglichkeiten des Märchens

über das Lebensschicksal Woyzecks gedeutet werden. Auch Woyzeck ist ein „arm Kind", das sich in seiner Not durchschlagen muss. Sein Vertrauen gegenüber den höheren Instanzen, in seinem Fall gegenüber den Mächtigen der Gesellschaft, wird jedoch bitter enttäuscht. Ebenso möglich ist ein Bezug auf das Leben Christians, des Sohnes von Woyzeck und Marie. Nach dem Tod der Mutter und der Verfolgung des Vaters als Mörder wird das Kind allein auf der Welt zurückbleiben (vgl. Szene 27).

Marie wird durch das plötzliche Auftreten Woyzecks erschreckt (vgl. S. 27, Z. 15–16), der sie abholt. Ihre Frage nach dem Bestimmungsort (vgl. S. 27, Z. 18) zeigt ihre innere Verunsicherung. Woyzeck hält jedoch weiterhin seine Mordabsichten verborgen (vgl. S. 27, Z. 19).

Auftakt zur Durchführung des Mordes

Die Funktion der Szene besteht vor allem in der Vorbereitung der Zuschauer auf die unmittelbar bevorstehende Mordtat. Dies wird zunächst einmal durch entsprechende „dunkle" Andeutungen erreicht. Im Mittelpunkt steht jedoch vor allem das Märchen der Großmutter, in dem die Dramenhandlung vor ihrem Höhepunkt kurz innehält und dabei reflektiert wird. Dieses dramaturgische Mittel des Kommentierens und Nachdenkens nimmt bereits ein wesentliches Element des „epischen Theaters" vorweg, das von Bertolt Brecht im 20. Jahrhundert entwickelt wurde.

Funktion der Szene

Szene 20: Abend. Die Stadt in der Ferne

Woyzeck und Marie halten sich außerhalb der Stadt auf. Marie möchte aus der Dunkelheit des Abends in die Sicherheit der Stadt zurückkehren (vgl. S. 27, Z. 21), aber Woyzeck fordert sie mit Bestimmtheit zum Bleiben auf (vgl. S. 27, Z. 22, 24). Diese Wesensänderung ihres ansonsten gutmütigen Partners verstört Marie sichtlich (vgl. S. 27, Z. 25). Seine überlegene Gesprächsposition nutzt Woyzeck dahingehend aus, dass er mehrmals sehr deutlich auf seine Absichten anspielt (vgl. S. 27, Z. 26; S. 28, Z. 2–3). Dabei

Woyzecks Rache an Marie

zeigt sich, dass Woyzeck immer noch erotisches Verlangen nach Marie verspürt (vgl. S. 27, Z. 31–S. 28, Z. 1) und gerade der sexuelle Fehltritt Maries ihn in seiner Mordabsicht antreibt („Heiß, heiß Hurenatem", S. 27, Z. 31). Aber als Marie den Sinn seiner Worte ergründen will (vgl. S. 28, Z. 4), verstummt Woyzeck (vgl. S. 28, Z. 5). Seine Sprachlosigkeit zeigt, wie sehr er sich bereits menschlich isoliert hat. Eine echte Kommunikation mit seiner einstigen Partnerin ist nicht mehr möglich.

Die Mordtat Das Gespräch wird zunächst mit einer ahnungsvollen Mondbeschreibung wieder aufgenommen (vgl. S. 28, Z. 6–7), woraufhin Woyzeck sein Messer zieht und Marie ermordet (vgl. S. 28, Z. 8–12). Sein Blutrausch, in dem er mehrmals auf sie einsticht, erinnert in seiner Heftigkeit an die halluzinatorische Vorwegnahme des Verbrechens in Szene 12. Als sich Passanten nähern, flieht Woyzeck (vgl. S. 28, Z. 12–13).

Strukturbild: Die Entwicklung des Eifersuchtsdramas zwischen Woyzeck und Marie

---

Woyzeck kommt Maries Betrug auf die Spur
- Marie verschleiert gegenüber Woyzeck die Herkunft der Ohrringe. (Szene 4)
- Marie leugnet vor Woyzeck ihre Affäre. (Szene 7)
- Der Hauptmann macht gegenüber Woyzeck Anspielungen auf Maries Untreue. (Szene 9)
- Woyzeck wird Augenzeuge der Affäre zwischen Marie und dem Tambourmajor. (Szene 11)

Woyzeck setzt sich gegen die Demütigung zur Wehr
- Woyzeck hat wilde Mordfantasien. (Szene 12)
- Woyzeck unterliegt dem Tambourmajor in einer Schlägerei. (Szene 14)
- Woyzeck bereitet systematisch den Mord an Marie vor. (Szene 15–17)
- Woyzeck tötet Marie. (Szene 20)

Woyzeck und die tote Marie (Essen 2007)

Szene 21: Es kommen Leute

Zwei Fremde werden durch Geräusche auf das Geschehen aufmerksam. Während der eine einen unheimlichen Naturspuk vermutet und fliehen will (vgl. S. 28, Z. 17–18, Z. 20–22), erkennt der andere darin die Rufe eines sterbenden Menschen (vgl. S. 28, Z. 19) und bewegt seinen Begleiter dazu, sich mit ihm an den Tatort zu begeben, um die Situation aufzuklären (vgl. S. 28, Z. 23).

Aufdeckung der Tat

Dieser Episode kommt vor allem eine dramaturgische Funktion zu: Nach dem gewalttätigen Höhepunkt des Dramas in der Bluttat ermöglicht die kurze Zwischenszene dem Zuschauer, innere Distanz zu den aufrührenden Ereignissen zu gewinnen und sich der kriminellen Dimension der Tat Woyzecks bewusst zu werden.

Dramaturgische Funktion

Szene 22: Das Wirtshaus

Woyzeck sucht nach seiner Tat Ablenkung in einem Wirtshaus. Anders als noch in Szene 11 begibt er sich nun selbst in die lüsterne Atmosphäre eines Tanzabends (vgl. S. 28, Z. 24–25). So singt er ein bereits in Szene 10 von Andres vorgetragenes Lied mit sinnlichem Inhalt (vgl. S. 28,

Woyzecks Ablenkungsversuche

Z. 26–30) und flirtet beim Tanzen mit einer Frau namens Käthe (vgl. S. 29, Z. 1–5). Seine dunklen Anspielungen auf Tod (vgl. S. 29, Z. 4) und Hölle (vgl. S. 29, Z. 10–11) werden von Käthe auf charmante Art zurückgewiesen (vgl. S. 29, Z. 12–13).

Die Situation schlägt jedoch plötzlich um, als Käthe unvermittelt Blutspuren an Woyzeck entdeckt (vgl. S. 29, Z. 15).

Durch ihr Rufen erregt sie sofort die Aufmerksamkeit anderer Anwesender (vgl. S. 29, Z. 17). Diese treiben Woyzeck in die Enge. Seine Ausflüchte und Erklärungsversuche können niemanden überzeugen (vgl. S. 29, Z. 19–25). Als auch noch der ebenfalls anwesende Narr einen Hinweis auf Woyzecks Verbrechen macht (vgl. S. 29, Z. 26–27), flieht dieser aus dem Wirtshaus. Dabei wendet er den Verdacht, ein Mörder zu sein, von sich, indem er den Vorwurf gegen die restliche Gesellschaft richtet: „Bin ich Mörder? […] Guckt euch selbst an!" (S. 29, Z. 30–31) Damit gibt Büchner dem Zuschauer einen klaren Fingerzeig zur Deutung seines Dramas: Beim Nachdenken über die Schuld Woyzecks muss auch die Verantwortung der Gesellschaft für das Verbrechen thematisiert werden.

Woyzeck unter Verdacht

Szene 23: Abend. Die Stadt in der Ferne

Woyzeck befindet sich erneut am Tatort, um das Messer zu suchen, das ihn verraten könnte (vgl. S. 29, Z. 33–34). Dabei macht er einen äußerst wirren Eindruck. So halluziniert er, dass Marie anwesend sei (vgl. S. 30, Z. 2). Er spricht sie sogar an. Dabei wird erneut erkennbar, dass er ihre Ermordung als Strafe für ihre Sünden rechtfertigt (vgl. S. 30, Z. 4–6). Seine Verwirrtheit kommt auch in seiner nervösen, stark elliptisch geprägten Sprache zum Ausdruck, die das Sprunghafte und Gehetzte seines Zustands unterstreicht. Als er das Messer findet, hört er, wie sich Leute nähern, und ergreift die Flucht.

Woyzecks wirrer Zustand

Szene 24: Woyzeck an einem Teich

Woyzeck wirft das verräterische Messer in einen Teich (vgl. S. 30, Z. 10). Da er jedoch fürchtet, das Objekt könne im Sommer zufällig von Badenden entdeckt werden, steigt er selbst in das Wasser und wirft das Messer noch weiter hinein (vgl. S. 30, Z. 13–14). Damit verstärkt sich die bereits aus der vorangegangenen Szene bekannte große Angst Woyzecks vor seiner Überführung. So glaubt er sich sogar durch den Mond, der als „blutig Eisen" am Himmel steht, verraten (vgl. S. 30, Z. 11–12). Auch das Messer hätte er nun lieber gleich zerstört (vgl. S. 30, Z. 16). Zudem versucht er, die Blutspuren an seiner Kleidung zu beseitigen (vgl. S. 30, Z. 16–18).

Woyzecks Angst vor Entdeckung

Szene 25: Straße

Ein Kind verständigt ein anderes aufgeregt vom Leichenfund. Offenbar hat das Ereignis schon große öffentliche Aufmerksamkeit gefunden (vgl. S. 30, Z. 21) und die Kinder befürchten, ihrerseits zu spät zu kommen und keinen Blick mehr auf die Leiche werfen zu können (vgl. S. 30, Z. 26–27). Der Mord an Marie spricht somit nicht das Mitleid der Gesellschaft an, sondern ihre Sensationsgier.

Die sensationslüsterne Gesellschaft

Szene 26: Gerichtsdiener. Arzt. Richter

Der Gerichtsdiener ist zusammen mit dem Arzt und dem Richter am Tatort eingetroffen. Die kriminalistische Seite des Vorgangs stimmt ihn geradezu fröhlich (vgl. S. 31, Z. 1–3). In dieser kürzesten Szene des Dramas entlarvt Büchner die Emotionslosigkeit der Justizorgane: Ein Mord wird nicht als menschliche Tragödie, sondern als Abwechslung versprechender beruflicher Anlass gesehen. Damit macht Büchner zugleich klar, dass Woyzeck vonseiten der Gerichtsbarkeit nicht auf Anteilnahme an seinem Schicksal hoffen darf.

Teilnahmslosigkeit der Justiz

Szene 27: Der Idiot. Das Kind. Woyzeck

Karl, der Idiot, hält Woyzecks Kind im Arm. Als Woyzeck seinen Sohn Christian liebkosen will, wendet sich dieser unter Schreien ab (vgl. S. 31, Z. 9–10). Karl wiederholt dabei mehrfach den Satz: „Der is ins Wasser gefalln" (S. 31, Z. 4–6, 8, 11). Gemeint ist der offenbar noch immer durchnässte Woyzeck, der in Szene 24 ins Wasser gestiegen war. Den Worten des Narren wohnt aber, wie bereits in Szene 16, wiederum eine tiefere Wahrheit inne: Woyzecks Leben ist durch den Mord auch im übertragenen Sinne „ins Wasser gefallen".

Die Deutung durch den Narren

Da sich Christian immer noch gegen die Kontaktversuche Woyzecks wehrt (vgl. S. 31, Z. 12–13), beauftragt sein Vater den Narren mit dem Kauf eines Spielzeugs (vgl. S. 31, Z. 13). Dies kommt unerwartet für Karl: Zunächst vermag er Woyzeck nur starr anzusehen (vgl. S. 31, Z. 14). Offenbar fühlt auch er sich in der Nähe Woyzecks unwohl, vielleicht gar bedroht. Erst nach nochmaliger Aufforderung (vgl. S. 31, Z. 15) läuft er unter befreiendem Jauchzen mit dem Kind davon (vgl. S. 31, Z. 16–17). Woyzeck bleibt allein zurück – seine soziale Isolation ist nun vollkommen.

Die völlige Isolation Woyzecks

Karl und Christian (Salzburg 2008)

Hintergründe

Der historische Kontext

Zu Lebzeiten Büchners bestand Deutschland aus einem bunten Fleckenteppich größerer und kleinerer Staatswesen. Die insgesamt 39 Fürstenstaaten und freien Städte bildeten zusammen einen locker gefügten Staatenverbund, den „Deutschen Bund". Der Deutsche Bund

Die Zeit in der ersten Hälfte des 19. Jahrhunderts wird üblicherweise als Epoche der „Restauration" bezeichnet. Dieser Begriff bezog sich auf das Ziel der fürstlichen Herrscher, die politischen Verhältnisse aus der Zeit vor der Französischen Revolution (1789) wiederherzustellen und die modernen Ideen der Freiheit und Demokratie zurückzudrängen. Restauration

In diesem Zusammenhang diente der „Deutsche Bund" den deutschen Fürsten als wichtigstes Organ zur Machtsicherung gegen die politischen Bestrebungen des Bürgertums. Dessen Forderungen lauteten auf politische Mitbestimmung, auf verfassungsmäßig garantierte Grundrechte und auf die Schaffung eines gemeinsamen Nationalstaats. Liberale und nationale Ideen gingen also Hand in Hand. Liberale und nationale Bewegung

Die erste öffentlichkeitswirksame Demonstration des nationalliberalen Bürgertums fand 1817 auf der Wartburg bei Eisenach in Thüringen statt. Dort versammelten sich mehrere Hundert Burschenschaftler, also Vertreter von Studentenverbindungen, um für die Einheit und Freiheit Deutschlands zu protestieren. Wartburgfest

Diese Forderungen empfanden die adligen Herrscher in Deutschland als Gefahr für die eigene Machtposition. Maßgeblich initiiert vom österreichischen Staatsmann Metternich – Österreich übte aufgrund seiner Größe und Bedeutung erheblichen Einfluss auf die Entscheidungen der Bundesorgane aus – verabschiedete der Bundestag, also der Karlsbader Beschlüsse

Gesandtenkongress des Bundes, zwei Jahre nach dem Wartburgfest die nach dem Tagungsort benannten „Karlsbader Beschlüsse". Diese sahen polizeistaatliche Unterdrückungsmethoden vor, um demokratische, liberale und nationale Bestrebungen abzuwehren.

Dennoch erreichte die Oppositionsbewegung des Bürgertums im Jahr 1832 eine neue Dimension, als 30 000 Menschen auf dem Hambacher Fest Freiheit und Einheit forderten. Die Fürsten antworteten mit erheblichen Einschränkungen der Presse- und Versammlungsfreiheit. Die politisch engagierten Professoren, Publizisten und Studenten wurden als „Demagogen", also als Volksverhetzer, verfolgt. Viele entzogen sich der Verhaftung durch Flucht ins europäische Ausland. Im Todesjahr Büchners erreichten die Auseinandersetzungen einen weiteren Höhepunkt. In Göttingen wurden sieben Professoren wegen Kritik an ihrem Landesherrn aus dem Dienst entlassen.

Eskalation in den Dreißigerjahren

Die sich zunehmend aufbauenden Spannungen zwischen den Fürsten und dem von ihnen kontrollierten staatlichen Machtapparat einerseits und den Forderungen der bürgerlichen Öffentlichkeit in Deutschland andererseits fanden erst in den schließlich gescheiterten Revolutionsversuchen der Jahre 1848/49 ein Ventil.

Revolution 1848/49

Neben den „bürgerlichen" Themen – demokratische Grundrechte und Nationalstaat – wurde die Lebenszeit Büchners auch von der aufkommenden sozialen Frage geprägt. In der Gesellschaft wurde die Kluft zwischen den besitzenden bürgerlichen Schichten und der ständig weiter verarmenden Unterschicht immer größer.

Soziale Frage

Die Verarmung hatte mehrere Ursachen. So kam die noch mit traditionellen Methoden arbeitende Landwirtschaft dem Lebensmittelbedarf der ständig wachsenden Bevölkerung kaum nach. Immer wieder wurde die Versorgungslage durch Missernten beeinträchtigt. Die Handwerker wiederum gerieten durch die allmählich einsetzende Me-

Verarmung der Unterschichten

chanisierung unter Druck. So konnte beispielsweise die traditionelle Textilproduktion nicht mit den industriell hergestellten Importen aus Großbritannien konkurrieren. Die Arbeiterinnen und Arbeiter in den Handarbeitsbetrieben bekamen allenfalls Hungerlöhne ausgezahlt. Enttäuschte Landbewohner, die das perspektivlose Leben auf den Dörfern hinter sich ließen, um in den Städten ihr Glück zu versuchen, wurden als Billigarbeiter in den Fabriken ausgebeutet. Hohe Steuerlasten, wie sie angesichts der enormen Repräsentationskosten der Fürstenstaaten üblich waren, trugen ihren Teil zur Überbelastung der Menschen bei.

Niedrigster Lebensstandard, fehlende Bildungsmöglichkeiten und nicht vorhandene Aufstiegschancen wurden zum täglichen Los eines Großteils der Bevölkerung. Diese Massenarmut bezeichnet man als Pauperismus. Die Dramatik dieses Problems wurde der Gesellschaft in der ersten Hälfte des 19. Jahrhunderts erst schrittweise bewusst. Büchners schonungslos realistische Darstellung eines „Pauper" in Gestalt Woyzecks stellt in diesem Zusammenhang zweifellos eine künstlerische Pionierleistung dar. Sie ist der Beginn der Tradition des sozialen Theaters in Deutschland.

Pauperismus und soziales Theater

Büchners Lebensstationen

Georg Büchner kam am 17. Oktober 1813 als erstes von sechs Kindern der Eheleute Ernst und Louise Caroline Büchner zur Welt. Sein Vater war zunächst als Amtsarzt in Goddelau tätig, das zur damaligen Zeit zum Großherzogtum Hessen-Darmstadt gehörte. 1816 übernahm er die Stelle eines Amtschirurgen in Darmstadt. Der junge Georg Büchner besuchte zunächst eine private Bildungsstätte und ab 1825 das humanistische Gymnasium in Darmstadt, wo er die Hochschulreife erwarb.

Kindheit und Jugend

Im Jahr 1831 begann Büchner ein Me-
dizinstudium im französischen Straßburg, wo die Familie Verwandtschaft
besaß. Büchner fand dort sehr gute
Studienbedingungen vor, da die medizinische Fakultät ein im europäischen
Vergleich hohes Niveau besaß. Für das
Jahr 1832 ist auch eine Veränderung
der persönlichen Lebensumstände zu

verzeichnen. Büchner verlobte sich mit Minna Jaeglé, der
Tochter seines Vermieters, eines entfernten Verwandten der

*Studium in
Straßburg ...*

Familie Büchner. Die zunächst heimliche Verbindung machten die beiden erst zwei Jahre später öffentlich.

1833 zwangen die Studienbestimmungen des Großher-
zogtums Hessen-Darmstadt Georg Büchner dazu, an die in
Bezug auf das akademische Niveau eher durchschnittliche

... und Gießen

Landesuniversität Gießen zu wechseln. Zu dieser Zeit war
er neben seinem Studium auch schon in politischen Revo-
lutionskreisen aktiv, was ihn zunehmend in Konflikte mit
der staatlichen Obrigkeit brachte.

Überdies hatte Büchner in den ersten Monaten des Jahres

Persönliche Krise

1834 auch eine Phase schwerer psychischer Zerrüttung
durchzustehen. In dieser existenzbedrohenden Krise litt er
an schweren Depressionen und an umfassendem Weltschmerz.

Zu dieser Zeit verstärkte Büchner jedoch auch seine poli-

Politisches Exil

tischen Aktivitäten. Nach dem Erscheinen seiner revolutio-
nären Flugschrift „Der Hessische Landbote" im Jahr 1834
musste er Deutschland verlassen und ins Exil nach Straßburg gehen. Seit 1835 wurde er im Deutschen Bund sogar
steckbrieflich gesucht.

Die Jahre zwischen 1834 und 1836 verbrachte Büchner vor

Schriftstellerei

allem mit schriftstellerischer Arbeit. Er nutzte die Gelegenheit, sowohl seine politischen Erfahrungen als auch seine
philosophische Weltsicht auf künstlerischem Wege zu ver-

2493.   S t e ck b r i e f.

Der hierunter signalisirte Georg Büchner, Student der Medizin aus Darmstadt, hat sich der gerichtlichen Untersuchung seiner indicirten Theilnahme an staatsverrätherischen Handlungen durch die Entfernung aus dem Vaterlande entzogen. Man ersucht deßhalb die öffentlichen Behörden des In- und Auslandes, denselben im Betretungsfalle festnehmen und wohlverwahrt an die unterzeichnete Stelle abliefern zu lassen.

Darmstadt, den 13. Juni 1835.

Der von Großh. Hess. Hofgericht der Provinz Oberhessen bestellte Untersuchungs-Richter, Hofgerichtsrath

G e o r g i.

P e r s o n a l - B e s ch r e i b u n g.

Alter: 21 Jahre,
Größe: 6 Schuh, 9 Zoll neuen Hessischen Maaßes,
Haare: blond,
Stirne: sehr gewölbt,
Augenbrauen: blond,
Augen: grau,
Nase: stark,
Mund: klein,
Bart: blond,
Kinn: rund,
Angesicht: oval,
Gesichtsfarbe: frisch,
Statur: kräftig, schlank,
Besondere Kennzeichen: Kurzsichtigkeit.

arbeiten. Es entstanden Werke wie das Drama „Dantons Tod", die Novelle „Lenz", die Komödie „Leonce und Lena" sowie das Drama „Woyzeck". Außerdem übernahm Büchner die Übersetzung französischer Literatur, um seinen Lebensunterhalt zu bestreiten.

1836 bot sich Büchner unverhofft eine neue berufliche Perspektive. Nach bestandener Promotion über „Das Nervensystem der Barbe" erhielt er eine Stelle als Privatdozent an der Universität Zürich. Dort verstarb er am 19. Februar 1837 mit erst dreiundzwanzig Jahren an Typhus.

Univeristäts-karriere und jähes Ende

Büchners Themen

Georg war keineswegs der einzige Spross der Familie Büchner, der Berühmtheit erlangte. Mit Ausnahme der Schwester Mathilde (1815–1888) machten sich sämtliche Ge-

schwister Georgs einen Namen in Politik oder Wissenschaft.
Der Chemiker und Firmengründer Wilhelm Büchner

(1816–1892) engagierte sich als Landtags- und Reichs-
tagsabgeordneter für soziale Belange. Luise Büchner
(1821–1877) war eine hochgebildete Kämpferin für Frau-
enrechte. Der studierte Mediziner Ludwig Büchner
(1824–1899) vertrat eine materialistische Philosophie, deren Weltdeutung sich auf die Naturwissenschaften stützte.
Alexander Büchner (1827–1904) wiederum machte in
Frankreich Karriere als Literaturwissenschaftler.

Sämtliche für die Familie Büchner charakteristischen Interes-
sen und Neigungen – die naturwissenschaftliche Ausrich-
tung, die Verbindung von sozialer Sensibilität und politischem Engagement sowie die Berufung zur Literatur – bün-
deln sich im Leben Georgs wie in einem Brennspiegel. Die
Kenntnis dieser Lebensthemen eröffnet dem Leser wichtige
Zugänge zur Interpretation des Dramas „Woyzeck".

So lernte Georg Büchner früh, die Welt mit den Augen des
Naturwissenschaftlers zu sehen. Die Behandlung von Kran-
ken im väterlichen Haus war Alltag für den jungen Georg.

Auf Wunsch des Vaters studierte er zunächst in Straßburg,
dann in Gießen Medizin, worunter Fächer wie Anatomie
und Physiologie ebenso fielen wie die Gerichtsmedizin.
Selbst von depressiven Phasen heimgesucht, interessierte
er sich außerdem sehr für die psychologische Seite der
menschlichen Existenz und besonders für abnorme Erscheinungsformen. So kam er beispielsweise während seines Studiums in Straßburg mit Psychiatriefällen in Kontakt.
Die naturwissenschaftliche Prägung Büchners zeigt sich im
Drama „Woyzeck" keineswegs nur in der Karikatur des
Doktors. Ebenfalls bezeichnend ist der anatomische Blick
auf das Leben Woyzecks, das in jeder Szene vor den Augen
der Zuschauer „seziert" wird.

Außerdem erweiterte Büchner in seiner Studienzeit sein
Weltbild durch die Beschäftigung mit Philosophie und Ge-

schichte. Entscheidend für die geistige Prägung Büchners war auch hier die wachsende Bedeutung der Naturwissenschaften im 19. Jahrhundert, die auch das philosophische Denken der Zeit beeinflussten.

Von großer Popularität war beispielsweise die Lehre des Positivismus, der nur „positive", also wissenschaftlich beweisbare Erkenntnisse zuließ. Diesem Ansatz entsprach eine materialistische Weltsicht: „Idealistische" Prinzipien wie Gott, Geist, Seele oder auch der freie Wille des Menschen seien nicht beweisbar und damit ohne Relevanz. Das Denken, Fühlen und Handeln des Menschen werde ausschließlich von den materiellen Gegebenheiten bestimmt und gelenkt, also „determiniert".

Der Mensch sei somit nichts anderes als das Produkt seiner Umweltbedingungen. Diese Zusammenhänge müssten durch die Naturwissenschaften aufgedeckt werden.

Büchner teilte diese Grundhaltung. „Ich verachte niemanden, am wenigsten wegen seines Verstandes oder seiner Bildung, weil es in niemands Gewalt liegt, kein Dummkopf oder kein Verbrecher zu werden, – weil wir durch gleiche Umstände wohl alle gleich würden und weil die Umstände außer uns liegen." Die Schlagworte Anti-Idealismus, Materialismus und Determinismus bilden auch die philosophischen Kernthesen des Dramas „Woyzeck".

Neben dem philosophischen Hintergrund war das büchnersche Weltbild zugleich von den handfesten sozialen Auseinandersetzungen seiner Zeit bestimmt. Im Jahr 1831 wurde Büchner in Straßburg zum Zeugen heftiger Arbeiterunruhen. Auslöser waren die von Armut, Hunger und Ausbeutung durch die Fabrikbesitzer bestimmten Lebensbedingungen der Arbeiter und ihrer Familien. Im folgenden Jahr kam es in den Straßen von Paris zu schweren Protesten gegen die Herrschaft des „Bürgerkönigs" Louis Philippe.

Büchner erklärte die Motive der Aufständischen für legitim und rechtfertigte sogar Gewalt zur Änderung der gesell-

III. Revolutionär für die Armen

schaftlichen Verhältnisse. Er schrieb: „Man wirft den jungen Leuten den Gebrauch der Gewalt vor. Sind wir denn aber nicht in einem ewigen Gewaltzustand? Weil wir im Kerker geboren und großgezogen sind, merken wir nicht mehr, dass wir im Loch stecken mit angeschmiedeten Händen und Füßen und einem Knebel im Munde."

Von nun an widmete sich Büchner mit Ernst und Leidenschaft der Frage nach der sozialen Gerechtigkeit. Wahrscheinlich schon zu Straßburger Zeiten machte er sich mit einer oppositionellen sozialistischen Gruppierung, der sogenannten „Gesellschaft der Menschen- und Bürgerrechte", bekannt, die im Geheimen agierte und eine grundlegende Umwälzung der gesellschaftlichen Eigentumsverteilung anstrebte.

Drei Jahre später entschloss er sich unter dem Einfluss hessischer Oppositionskreise zu direkter politischer Aktivität und verfasste seine berühmteste politische Kampfschrift, den „Hessischen Landboten". In diesem Flugblatt kritisierte Büchner die ungerechte Vermögensverteilung zwischen Arm und Reich und rief unter der Parole „Friede den Hütten – Krieg den Palästen!" zum Widerstand gegen das gesellschaftliche Unrecht auf. Sein Fernziel bestand in einer sozialen und demokratischen Revolution der unteren Gesellschaftsschichten. Da die staatlichen Behörden den Text als politisch gefährlich einstuften, verboten sie die Schrift, fahndeten nach Büchner und zwangen ihn so ins Exil in die Schweiz.

Büchners tief empfundene Empörung über die soziale Ungerechtigkeit seiner Zeit ist auch im Drama „Woyzeck" zu spüren: Als Angehöriger der Unterschicht ist Woyzeck ökonomisch von den Mächtigen abhängig, ohne dass diese ihre gesellschaftlichen Privilegien durch besondere persönliche Leistungen rechtfertigen würden.

Das Interesse Büchners an politischen Themen motivierte auch seine erste schriftstellerische Arbeit, nämlich das im Jahr 1835 fertiggestellte Drama „Dantons Tod". In diesem

IV. Schriftsteller

Stück verarbeitete er die letzten Lebenstage des französischen Revolutionärs Danton vor seiner Hinrichtung durch das Revolutionstribunal Robespierres. Ihm geht es um eine an der historischen Wirklichkeit orientierte Darstellung des Umschlags revolutionärer Freiheitsideale in gewalttätige Willkürherrschaft. Das Handeln des Einzelnen erweist sich dabei als ohnmächtig gegenüber der Dynamik des geschichtlichen Prozesses. Dieser Geschichtsfatalismus spiegelt sich im Kleinen auch in der Figur Woyzecks: Dieser ist der wehrlose kleine Mann, über den die Gesellschaft einfach hinweggeht.

In der im gleichen Jahr verfassten Erzählung „Lenz" beschäftigte Büchner sich mit der geistigen Verfallsphase des Schriftstellers Jakob Michael Reinhold Lenz. In seinem Interesse für krankhafte psychische Zustände zeigt er ein großes psychologisches Einfühlungsvermögen, wie es auch für das Drama „Woyzeck" bezeichnend ist.

Das aus dem darauffolgenden Jahr stammende, vordergründig wie eine Komödie wirkende Stück „Leonce und Lena" ist in Wirklichkeit eine bitterböse Satire über den zeitgenössischen Adel und über seine sinnentleerte, von Melancholie und Langeweile geprägte Existenz. Dieses Motiv wird im Drama „Woyzeck" wieder aufgegriffen und auf den Hauptmann übertragen.

Entstehungsgeschichte des Dramas „Woyzeck"

Dem Stoff des Dramas „Woyzeck" liegt ein historischer Kriminalfall zugrunde. 1821 hatte der arbeitslose Perückenmacher Johann Christian Woyzeck aus Leipzig seine Geliebte aus Eifersucht erstochen. Da Zweifel an der Schuldfähigkeit des psychisch auffälligen Woyzeck geäußert wurden, erstellte der Leipziger Stadtphysikus Christian August Clarus ins-

Der Kriminalfall „Woyzeck"

gesamt zwei Gutachten, in denen er den Täter für zurechnungsfähig erklärte. Daraufhin wurde Woyzeck mit dem Tode bestraft und öffentlich geköpft. Der Fall „Woyzeck" löste eine erregte Debatte über die Straffähigkeit des Mörders aus, da einige Fachleute in den Lebensumständen Woyzecks die Ursache für seine moralische Gleichgültigkeit vermuteten und die Schuldfähigkeit des Täters anzweifelten.

Büchners
Verarbeitung des
Stoffs

Büchner hatte sich schon zu Schülerzeiten mit den psychischen Ursachen menschlichen Handelns befasst. Den Fall „Woyzeck" studierte er mit großem Interesse. Die Hauptfigur seines Dramas zeigt bis ins Detail zahlreiche direkte Parallelen in Lebenslauf und Tathergang.

So hatte auch der echte Woyzeck neben einer zumindest kurzen Dienstzeit als Stadtsoldat ein Kind mit seiner Freundin. Der Mord geschah ebenfalls in den Abendstunden und wurde ebenfalls mit einer Stichwaffe durchgeführt. Auch die Gemütszüge Woyzecks stimmen mit Büchners Figur überein: Clarus zeichnet das Bild eines eigentlich gutmütigen und bescheidenen Menschen, den jedoch die Eifersucht gewalttätig werden lässt. Außerdem ist auch der echte Woyzeck von zunehmender geistiger Verwirrung gezeichnet. Er hört ebenfalls innere Stimmen und fühlt sich vom Geheimbund der Freimaurer verfolgt. Büchner übernahm zum Teil sogar wörtliche Formulierungen aus dem Gutachten. So befiehlt Woyzeck laut Clarus eine innere Stimme „Stich die Frau Woostin tot", was im Drama zu „Stich die Zickwolfin tot" wird.

Weitere Quellen
und Vorlagen

Daneben verwendete Büchner für sein Stück noch andere Vorbilder. So entspricht die Figur des Doktors in Vielem dem Gießener Anatomieprofessor Wilbrand. Die Vorführung der Funktion der Ohrmuskeln (Szene 18) wurde direkt einer Vorlesung des historischen Vorbilds vor Studenten nachempfunden. Darüber hinaus trägt der Doktor zweifellos auch Züge des Gutachters Clarus, der ein selbstherrliches und ignorantes Urteil über Woyzeck gefällt hatte. Eine

weitere Ebene stellt die volkstümliche Märchen- und Lie-
dertradition dar. So verarbeitete der Autor beispielsweise
Vorlagen aus den grimmschen Märchen „Sterntaler" und
„Die sieben Raben" zum Anti-Märchen der Großmutter
(Szene 19) und setzte Zitate aus regionalem Liedgut zur
Kommentierung der Dramenhandlung ein.

Die Entstehungszeit des Dramas „Woyzeck" dürfte auf die
zweite Hälfte des Jahres 1836 zu datieren sein. Das Drama
wurde zu Lebzeiten Büchners nicht veröffentlicht. Es liegt
nicht einmal eine abgeschlossene Endfassung vor. Im
Nachlass fand sich lediglich ein Textfragment, bestehend   Erste Textedition
aus insgesamt 27 ungeordneten und kaum lesbaren Ein-

zelszenen. Erst knapp vier-
zig Jahre nach dem Tod
Büchners gelang es dem
Journalisten Karl Emil Franzos mithilfe einer che-
mischen Mixtur, die ver-
blasste Schrift auf dem mür-
ben Papier halbwegs
sichtbar zu machen. Der
von Franzos bald nach der
Entdeckung veröffentlichte
„Wozzeck" enthielt aber
nicht nur im Titel zahlreiche
sinnentstellende Lesefehler,
sondern auch zum Teil er-
hebliche Eingriffe in den Ur-
text.

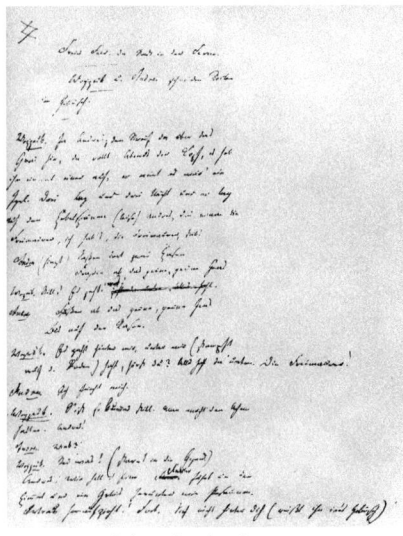

Erste Manuskriptseite des Dramas

Die von Franzos rekonstruierte Fassung diente unter anderem als Grundlage für die Uraufführung des Sücks im
Münchner Residenztheater im Jahr 1913. Aufgrund der
zahlreichen Mängel dieser Textversion wurden im Lauf des
20. Jahrhunderts mehrere alternative textkritische Aus-

gaben erarbeitet. Schon allein die Existenz zahlreicher untereinander konkurrierender Lesarten belegt, wie problematisch der redaktionelle Umgang mit dem schwer entzifferbaren Manuskript ist, in dem sich überdies mehrere Überarbeitungsschritte überlagerten. Die heutzutage gebräuchlichste Fassung wurde 1967 von Werner Lehmann vorgelegt. Die philologische Diskussion über Text und Textanordnung ist noch lange nicht abgeschlossen.

Kunsttheorie

„Wenn man mir übrigens noch sagen wollte, der Dichter müsse die Welt nicht zeigen, wie sie ist, sondern wie sie sein sollte, so antworte ich, dass ich es nicht besser machen will, als der liebe Gott, der die Welt gewiss gemacht hat, wie sie sein soll."

Anti-klassische
Literatur

Mit diesen deutlichen Worten bezog Büchner eindeutig Position gegen den idealistischen Anspruch der Aufklärung und der Weimarer Klassik, besonders gegen das Kunstverständnis Johann Wolfgang von Goethes (1749–1832) und Friedrich Schillers (1759–1805). Die Prinzipien seiner „antiklassischen" Literaturtheorie formulierte Büchner wiederholt in Werken und Briefen und gestaltete im Drama „Woyzeck" seinen Ansatz geradezu modellhaft aus.

Seiner Abwendung von der idealistischen Dichtungstradition liegt ein geändertes Denken über den Sinn und Zweck des Theaterschaffens zugrunde. Im 18. Jahrhundert wurde der Sinn des Theaters vornehmlich in seiner Rolle als gesellschaftliche Erziehungsinstanz gesehen. Gotthold Ephraim Lessing (1729–1781) übernahm die „Katharsis"-Lehre des antiken Philosophen Aristoteles (384–322 v. Chr.) und beschrieb das Theater als Ort seelischer Reinigung. Die Zuschauer sollten sich in die Handelnden einfühlen. Durch dieses Mitleiden würden sie von ihren inneren Leiden-

Ziel des Theaters:
Moralinstanz ...

schaften befreit und zu ethischem Handeln befähigt. Auch
Friedrich Schiller bezeichnete das Theater als „moralische
Anstalt", in der die Hauptfiguren den Zuschauern vorbild-
liche Handlungsweisen und eine harmonische Geisteshal-
tung vorlebten.

Dieser Tradition setzte Büchner folgende Auffassung ent-
gegen: „Der Dichter ist kein Lehrer der Moral, er erfindet
und schafft Gestalten, er macht vergangene Zeiten wieder
aufleben, und die Leute mögen dann daraus lernen." So
wird im Stück der Mörder Woyzeck keineswegs moralisch
verurteilt. Vielmehr zeigt der Autor die gesellschaftlichen
Unterdrückungsmechanismen auf, die Woyzeck zu seiner
Tat trieben, und weckt bei den Zuschauern Verständnis
und Sympathie für die „kleinen Leute", die Armen und
Rechtlosen.

… oder gesellschaftliches Lehrstück

In diesem Kontext hat auch Büchners Vergleich des Drama-
tikers mit dem Geschichtsschreiber seinen Platz. Dieser ver-
ändert die Fakten der Realität nicht, sondern bringt sie mit
den Mitteln der Literatur auf den Punkt. Somit stellt die
realistische Nähe zur Wirklichkeit ein wesentliches Ziel der
Dramatik Büchners dar. Dem Werk „Woyzeck" beispielsweise liegt ein realer Kriminalfall zugrunde, der in keiner
Hinsicht fiktiv überhöht wird. Die Realität wird schonungslos und damit auch in ihrer ganzen Brutalität und Hässlich-
keit gezeigt.

Dichtung als realistische Geschichts-schreibung

Hier bewegte sich Büchner im äußersten Gegensatz zu
Schiller und Goethe. Diese hätten „fast nichts als Marionet-
ten mit himmelblauen Nasen und affektiertem Pathos, aber
nicht Menschen von Fleisch und Blut" auf die Bühne gebracht. Folgerichtig stellte Büchner mit Woyzeck einen
Menschen „von Fleisch und Blut" auf die Bühne, dessen
Charakter Licht und Schatten offenbart, der die einfache,
manchmal derbe Sprache des Volkes spricht und dessen
geschundene Existenz die Ungerechtigkeit und Unvoll-
kommenheit der Welt bezeugt.

Hauptfigur aus Unterschicht

In diesen Aussagen zeigt sich, dass Büchner nicht nur für die realistische Kunst steht, sondern dass er zugleich die wesentlichen Grundlagen für den Naturalismus schuf.

Dramenkonzeption

Unterscheidung: geschlossenes/ offenes Drama

Entsprechend der auf den Germanisten Volker Klotz zurückgehenden Unterscheidung zwischen geschlossener und offener Dramenform wird das Werk „Woyzeck" in Literaturkommentaren überwiegend als Modellfall des offenen Dramas eingestuft.

Beide Gestaltungstypen sind durch einen jeweils unterschiedlichen weltanschaulichen Hintergrund motiviert. Die geschlossene Form präsentiert ein einheitliches, in sich abgerundetes Handlungsganzes. Damit wird ein geschlossenes Weltbild vorausgesetzt, das eindeutige Antworten auf die letzten Fragen der menschlichen Existenz zu geben vermag. In Schillers Drama „Maria Stuart" nimmt die schottische Königin ihr Todesurteil an, weil sie an einen höheren Sinn ihres Schicksals glaubt.

Weltbild der geschlossenen …

Das Prinzip des offenen Dramas dagegen ist das der variierenden Vielheit, der Auflösung eines überlieferten Ordnungsrahmens. Man glaubt nicht mehr an die Möglichkeit einer einzigen, allgemeingültigen Weltdeutung. Die Sinnsuche des Menschen wird zur offenen Frage, bei der auch das Scheitern denkbar ist. Diese Überlegungen machen deutlich, dass die offene Form das angemessene Gestaltungsprinzip für die dem Stück „Woyzeck" zugrunde liegende Philosophie darstellt.

… und der offenen Form

Abwendung von Aristoteles

Das zentrale Kennzeichen der offenen Dramenform besteht laut Klotz in der Abwendung von der auf Aristoteles zurückgehenden Dramentheorie.

In der aristotelischen Traditionslinie ist die dramatische Form auf die Wahrung der drei Einheiten des Ortes, der

Zeit und der Handlung festgelegt. Im Drama „Woyzeck" wird die Bindung an diese Einheiten aufgelöst.

Büchner konzentriert die Handlung nicht auf einen zentralen oder wenige Handlungsorte, sondern verteilt die Handlungsschritte eher unsystematisch auf mehrere Orte. Bei einzelnen Szenen wird der Ort nicht einmal genannt.

Außerdem sprengt Büchner das aristotelische Zeitideal. Statt die einzelnen Handlungsschritte möglichst innerhalb einer Tagesfrist zu komprimieren, erstreckt sich die Handlungszeit des Stückes über mehrere Tage (vgl. u.a. S. 24, Z. 8).

Aristoteles zufolge sollte die Handlung folgerichtig aufgebaut sein und inhaltlich einem „roten Faden" folgen. Die fünf Elemente des dramatischen Handlungsbogens, verteilt auf fünf Akte, veranschaulichte Gustav Freytag 1863 in Form einer Pyramide. Der Handlungsexposition im ersten Akt folgen die Steigerung sowie der Höhepunkt des tragischen Konflikts. Auf der Spitze der Pyramide schlägt die Handlungsdynamik um und strebt, obwohl gebremst durch das retardierende Moment im vierten Akt, einer abschließenden Lösung des Konflikts zu.

Im Drama „Woyzeck" gibt es die Einteilung in fünf Akte nicht mehr. Die Struktur des Stückes ist in Einzelszenen bzw. Stationen aufgelöst, deren konkrete Anordnung im Dramenschema sich nur zum Teil zwingend erschließen lässt. Mehrere Einzelszenen ohne direkten Spannungsbezug können verschiedenen Positionen im Drama zugeordnet werden. Diese Feststellung trifft zum Beispiel auf die Szene 18 zu. Diese ließe sich im Szenenraster deutlich nach vorne ziehen, ohne die Handlungsstruktur grundsätzlich zu verändern. Die Hauptfigur „Woyzeck" ist die zentrale Klammer, die die disparaten, nur lose miteinander verknüpften Dramenteile zusammenhält.

Es ist einschränkend festzustellen, dass die Szenenanordnung teilweise deshalb so zufällig wirkt, weil die Szenenab-

Die drei Einheiten ...

... des Ortes ...

... der Zeit ...

... und der Handlung nach Aristoteles ...

... und bei Büchner

Ungeklärte Fragen zur Textüberlieferung

folge im Originalmanuskript zum Teil nicht zweifelsfrei rekonstruierbar ist. Deshalb kann auch nicht abschließend geklärt werden, ob der offene Schluss mit dem allein zurückbleibenden Woyzeck von Büchner so geplant war oder ob eventuell noch eine das weitere Schicksal der Hauptfigur aufhellende Schlussszene folgen sollte.

Ein weiterer wichtiger Aspekt der aristotelischen Tradition ist die Beachtung der „Ständeklausel", der zufolge als Personal für die Tragödie nur die höheren Stände vorgesehen waren, während das Schicksal des einfachen Volks den Stoff für Komödien und derbe Schwänke abgab. Diese Vorstellungen beeinflussten die Theaterschaffenden bis ins 18. Jahrhundert. Seit der Aufklärung weiteten die Dramatiker zwar den Geltungsbereich der Ständeklausel vom Adel auf das Bürgertum aus, stellten jedoch nicht das dahinter stehende gesellschaftliche Vorrangdenken infrage. Büchner dagegen brach radikal mit dieser Vorgabe, als er mit Woyzeck und seinem Umfeld die gesellschaftliche Unterschicht in den Mittelpunkt der Tragödienhandlung rückte. Konsequenterweise verzichtete Büchner auf eine stilisierte Theatersprache. Goethe und Schiller ließen ihre exemplarischen Idealfiguren noch einheitlich im klassischen Versmaß sprechen, in dem sich der Glaube an die Existenz einer grundsätzlichen Ordnung und Harmonie ausdrückte. Mit Woyzeck erhielt die Sprache des Volkes einen festen Platz im Theater. Von nun an war es auf deutschen Bühnen möglich, Umgangssprache oder Dialekt zu sprechen, sich einer Berufs- oder Standessprache zu bedienen und über die Sprache innere Unsicherheit oder gar Wut und Hass auszudrücken. Die Sprache wurde zum subjektiven Ausdrucksmittel, an dem der soziale Rang des Sprechenden ebenso ablesbar ist wie seine momentane innere Befindlichkeit.

Ständeklausel

Figurensprache

Der Ort des „Woyzeck" in der Dramengeschichte

Der Literaturwissenschaftler Walter Hinck stellt mit Hinblick auf den literaturgeschichtlichen Stellenwert des Dramas „Woyzeck" fest, dass alle bedeutenden Stilrichtungen seit dem Ende des 19. Jahrhunderts an Stilzüge dieses Dramas anknüpfen würden: „Die Linien, die zum 20. Jahrhundert führen, laufen durch Büchners Drama wie durch eine Schaltstelle."

Schlüsselposition in der Literaturgeschichte

Heute wird die Einschätzung Büchners als maßgeblicher Wegbereiter vieler Erscheinungsformen des modernen Theaters ohne Wiederspruch anerkannt. Bei einigen ästhetischen Konzepten ist die Verwurzelung in den Ideen Büchners und seines Dramas „Woyzeck" besonders augenfällig.

Der Naturalismus (etwa 1880–1900) strebt eine möglichst exakte und unverfälschte Wiedergabe der Wirklichkeit an und greift damit den realistischen Ansatz Büchners auf. Dabei geht es den Naturalisten ebenso wie Büchner um eine offene und kritische Darstellung gesellschaftlicher Zustände. Weitere Parallelen sind auf philosophischem Gebiet festzustellen. Die Naturalisten gehen ebenso wie der Autor des Stückes „Woyzeck" von einer wissenschaftlich feststellbaren Determination des Menschen durch psychische und Umweltfaktoren aus.

Naturalismus

Die Expressionisten (Höhepunkt zwischen 1905 und 1920) profitierten bei ihrer Suche nach einem möglichst unmittelbaren Ausdruck innerer Gefühle und Stimmungen stark von den sprachlichen Tabubrüchen Büchners, der als Erster das klassische Bühnenpathos infrage gestellt und die Sprache als subjektives Ausdrucksmittel eingesetzt hatte.

Expressionismus

Bertolt Brechts (1898–1956) episches Theater zeigt eine starke Orientierung an Büchner – vor allem in seiner Wirkungsabsicht. Genauso wie der Autor des Dramas „Woy-

Episches Theater

zeck" will Brecht mit seinen Lehrstücken gesellschaftliche Missstände rational analysieren und zu politischem Handeln aufrufen.

Dokumentarisches Theater

Das in den Sechzigerjahren entstandene dokumentarische Theater setzt sich mit historischen und sozialen Ereignissen auseinander, indem es authentisches Quellenmaterial fiktional verarbeitet. Die Bühnentauglichkeit dieses von Autoren wie Rolf Hochhuth (geb. 1931) und Peter Weiss (1916–1982) eingesetzten Verfahrens wurde genau genommen erstmals von Büchner erprobt. So stützte er sich bei der Ausgestaltung seiner Woyzeck-Figur im Wesentlichen auf Aussagen des Clarus-Gutachtens.

Absurdes Theater

Das absurde Theater schließlich will die gänzliche Verlorenheit des Menschen in einer sinnfreien Welt zeigen. Aber bereits mehr als ein Jahrhundert vor Eugène Ionesco (1909–1994) und Samuel Beckett (1906–1989) hatte schon Büchner im Drama „Woyzeck" die radikale Verzweiflung an der Möglichkeit eines sinnvollen Lebens dargestellt.

Wirkung und Rezeption des Dramas

„Woyzeck" als Bühnenklassiker

Der Stoff des Dramas „Woyzeck" hat offenbar zeitlosen Charakter, wird er doch von jeder Generation immer wieder neu entdeckt. So sind seit der Münchner Uraufführung von 1913 weit über 400 Inszenierungen zu verzeichnen. Damit gehört der Text zu den absoluten Bühnenklassikern.

Erstmals 1879 im Druck erschienen, machte das Drama „Woyzeck" zunächst unter den jungen Naturalisten Furore.

Einfluss auf Naturalisten ...

Beeindruckt waren sie vor allem von der schonungslosen Darstellung der sozialen Realität, wie es sie vor Büchner nicht gegeben hatte. Der spätere Nobelpreisträger Gerhart Hauptmann (1862–1946) beschrieb die inspirierende Wirkung des Werkes folgendermaßen: „Georg Büchners Geist lebte nun mit uns, in uns, unter uns." Solche Aussagen adelten Büchner als Vorbereiter der naturalistischen Literaturepoche.

Eine ähnlich starke Wirkung übte das Stück „Woyzeck" vor und nach der Jahrhundertwende auf die jungen Expressionisten aus. So nahm sich Frank Wedekind (1864–1918) Büchners gesellschaftliche Protesthaltung sowie seine Revolutionierung der dramatischen Form zum Vorbild und verarbeitete diese Einflüsse in seinem Drama „Frühlings Erwachen" (erschienen 1891). *... und Expressionisten*

In den Zwanzigerjahren des letzten Jahrhunderts regte das anhaltende Interesse an Büchners Werk mehrere textkritische Neueditionen an, von denen wiederum neue Impulse für die Werkrezeption ausgingen. Einen besonderen ästhetischen Glanzpunkt setzte Alban Berg 1925 mit seiner Oper „Wozzeck". Die innovative musikalische Struktur dieses Werks – Berg bediente sich der atonalen Musik – machte den „Wozzeck" zu einer Schlüsseloper des 20. Jahrhunderts, was wiederum der Auseinandersetzung mit dem Theaterstück neue Anstöße gab. *Oper „Wozzeck"*

Seit den späten Sechzigerjahren ist eine erneute Intensivierung des Büchner-Interesses festzustellen. Dies hing ohne Zweifel mit der Politisierung der Institution „Theater" im Kontext der Studentenbewegung zusammen, die in Büchner den Wegbereiter einer auf Gesellschaftsveränderung abzielenden Literatur entdeckte. Die damit gleichzeitig einsetzende experimentelle Öffnung der Theaterpraxis verstand die offene Form des Dramas „Woyzeck" zugleich als Einladung, mit ihr zu spielen. So montierte beispielsweise der Regisseur Willi Schmidt bei den Ruhrfestspielen 1969 die beiden Dramen „Woyzeck" und „Leonce und Lena" zu einem neuen Stück. *Politisches und experimentelles Theater*

Die intensive Handlung und die starken Szenenbilder im Drama „Woyzeck" legten auch die Verfilmung nahe. Stand *Verfilmungen* die erste Verfilmung von Georg Klaren (1958) stilistisch im Banne des Spätexpressionismus, gelang Werner Herzog 1979 ein großer Wurf, da er die Hauptrolle mit dem exzentrischen Klaus Kinski besetzte. Dieser verlieh der Woyzeck-Figur eine ganz eigene Note, die sich zwischen Erbarmungswürdigkeit und Wahnsinn bewegte.

Neue Deutungswege

Neuere Inszenierungen zeigen, dass die Begegnung mit dem Drama „Woyzeck" auch für die Gegenwart immer wieder neue, bislang ungekannte Deutungswege eröffnet. So rückte der junge Österreicher Philipp Preuss die Bezüge des Stücks auf Militär, Gehorsam und Unterordnung in den Mittelpunkt seiner Inszenierung am Deutschen Theater Berlin (2008). Die Schauspieler treten in Militäruniform auf, es herrscht ein aggressiver Kasernenton vor, es wird exerziert und Gewalt ausgeübt. Der sinnentleerte Militärgeist deformiert die Menschen und erzieht den Soldaten Woyzeck zum Mörder.

Inszenierung am Deutschen Theater (Berlin 2008)

Das Drama „Woyzeck" in der Schule

Der Blick auf die Figuren: Die Personencharakterisierung

Eine literarische Figur charakterisieren – Tipps und Techniken

In einer literarischen Charakterisierung analysiert man neben den äußeren Merkmalen besonders die inneren Wesenszüge einer literarischen Person. Auf diesem Wege gelangt man zu einer Gesamtinterpretation der Figur. Sämtliche Elemente der Charakterisierung – äußere Merkmale, charakterisierende Aussagen sowie weiterführende Deutungen – basieren auf der Textvorlage. Bei einem dramatischen Text ist es dabei wichtig, nicht nur die Figurenreden zu untersuchen, sondern auch die Regieanweisungen. Durch direkte und indirekte Textbelege lassen sich die Aussagen über die zu charakterisierende Figur in nachvollziehbarer Weise begründen.

Für die Erarbeitung einer literarischen Charakterisierung können unter anderem folgende Aspekte und Leitfragen von Bedeutung sein:

1. Personalien und sozialer Status

- Was erfahren wir über den Namen, das Geschlecht, das Alter und den Beruf der Figur?
- Werden auffällige äußere Merkmale beschrieben?
- Wie stellen sich Lebensverhältnisse und das soziale Umfeld der Figur dar?
- Gibt es Informationen zur Vorgeschichte der Figur?

2. Wesentliche Charaktereigenschaften

- Zeigt die Figur typische Verhaltensweisen und Gewohnheiten?
- Was sind ihre hervorstechenden Wesensmerkmale und Charakterzüge?
- Welche Umstände prägen und bestimmen ihre Existenz?
- Welches Bild hat die Figur von sich selbst?
- Welche inneren Einstellungen, welches Weltbild hat die Figur?
- Zeigt die Figur eine Veränderung in ihren äußeren Merkmalen bzw. eine innere Entwicklung?
- Wie wird sie durch die anderen die Figuren wahrgenommen?
- Welcher Art sind die Beziehungen zwischen der Figur und anderen Figuren?

3. Sprachgebrauch und Sprachverhalten

- Wie kann man den Sprachgebrauch der Figur allgemein beschreiben (Sprachebene, Sprachstil)?
- Welche Auffälligkeiten lassen sich auf Satz- und Wortebene erkennen (Satzbau, Wortwahl, …)?
- Welche kommunikativen Aussagen werden durch die nonverbale Kommunikation (Gestik, Mimik, Körperhaltung) transportiert?
- Welches Gesprächsverhalten, welche Gesprächsstrategien verfolgt die Figur?

4. Zusammenfassende Bewertung

- Wie lässt sich die Funktion der Figur für das Drama beschreiben?
- Welche Gesamtdeutung der Figur ergibt sich aus den unter 1.–4. gewonnenen Erkenntnissen?

Diese Zusammenstellung dient als „Checkliste" für die Erarbeitungsphase der Charakterisierung.

Die folgenden Kurzcharakterisierungen der wichtigsten Personen des Dramas bieten die wesentlichen inhaltlichen Anhaltspunkte für die Gestaltung einer Charakterisierung.

Woyzeck – die Hauptfigur

Der dreißigjährige Franz Woyzeck ist groß gewachsen und von schlacksiger Figur (vgl. S. 19, Z. 21 – 22). Er lebt in einer Beziehung mit Marie. Zusammen haben sie einen kleinen Sohn, Christian. Von Beruf ist Woyzeck ein einfacher „Wehrmann" in einem Infanterieregiment (S. 24, Z. 29). Damit steht er auf einer niedrigen sozialen Stufe. Er verfügt lediglich über wenige persönliche Dinge ohne materiellen Wert (vgl. S. 24, Z. 16 – 19), seine Lebensverhältnisse sind entsprechend bescheiden. Woyzeck bezeichnet sich selbst als „armen Wurm" (S. 13, Z. 1 – 2) und hat keinerlei Hoffnung auf eine Verbesserung seiner Situation: „Unseins ist doch einmal unselig in der und der andern Welt" (S. 13, Z. 11 – 12).

1. Personalien und sozialer Status

Um den Lebensunterhalt für sich und seine Familie zu bestreiten, muss Woyzeck sich zusätzlich zu seinen beruflichen Pflichten bei Gelegenheitsarbeiten verdingen: Der Hauptmann nutzt ihn als billigen Aushilfsbarbier aus, der Doktor missbraucht ihn für ein paar Groschen als Gehilfe bei einer wissenschaftlichen Demonstration (vgl. Szene 18) sowie als menschliches Versuchskaninchen (vgl. Szene 8). Die ökonomischen Zwänge bestimmen den gesamten Lebensrhythmus Woyzecks. Er verrichtet seine Arbeiten unter Zeitdruck (vgl. S. 12, Z. 2 – 5) und eilt „verhetzt" (S. 12, Z. 20) von Verpflichtung zu Verpflichtung (vgl. S.13, Z. 33 – 34; S. 18, Z. 3 – 5).

2. Wesentliche Charaktereigenschaften
2.1 Woyzecks ökonomische Zwänge

Die wirtschaftliche Abhängigkeit Woyzecks von den Vertretern der bürgerlichen Gesellschaft geht einher mit seelischen Demütigungen und körperlicher Ausbeutung. Der Hauptmann erniedrigt Woyzeck durch seine vermeintliche intellektuelle Überlegenheit („O, Er ist dumm, ganz ab-

2.2 Woyzeck als Opfer der Mächtigen

scheulich dumm.", S. 12, Z. 29–30). Die vonseiten des Doktors betriebene experimentelle Mangelernährung mit Erbsen reduziert Woyzeck auf die Stufe eines wissenschaftlichen Objekts („Er ist ein interessanter casus.", S. 16, Z. 33) und führt bei ihm zu teils schweren körperlichen (vgl. S. 18, Z. 31–32; S. 19, Z. 8) und geistigen („Er hat eine aberratio.", S. 16, Z. 17) Ausfallerscheinungen.

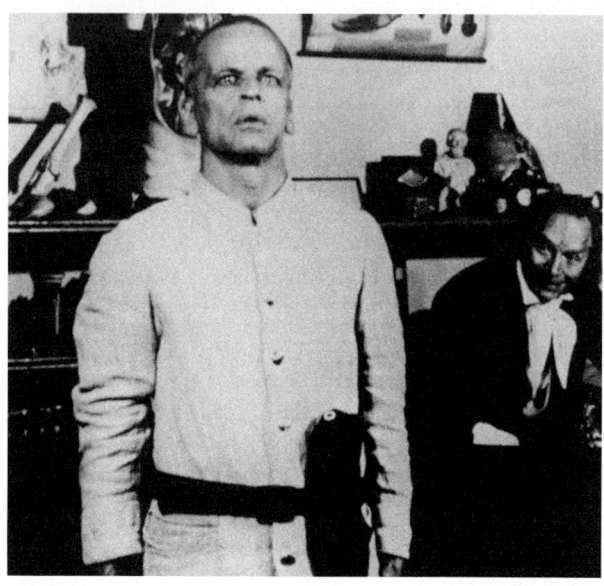

Klaus Kinski als Woyzeck (Verfilmung 1979)

2.3 Die Bedeutung von Marie für Woyzeck

Woyzeck ist somit ein Opfer der gesellschaftlichen Verhältnisse. Die allgemeine soziale Inhumanität ist für Woyzeck allein durch seine Verbindung zu Marie erträglich. Die Beziehung der beiden hatte zumindest in einem früheren Beziehungsstadium wahrscheinlich einen intimen Charakter (vgl. S. 21, Z. 17–18), worauf auch die Existenz des gemeinsamen Kindes Christian schließen lässt. Allerdings hat Woyzeck aufgrund des extremen Leistungsdrucks kaum noch Zeit für seine Familie (vgl. S. 7, Z. 32–33). Zudem erleidet Woyzeck auch auf diesem Gebiet eine Niederlage, da ihn Marie mit dem Tambourmajor betrügt. Der physischen Attraktivität des Tambourmajors (vgl. S. 14, Z. 3–5) und seinen großzügigen Geschenken an Marie (vgl. S. 10, Z. 27–28) kann Woyzeck nichts entgegensetzen. Bei einer Rauferei unterliegt der von Mangelernährung geschwächte Woyzeck chancenlos (vgl. Szene 14).

Aufgrund der ihm von Marie beigefügten menschlichen Verletzung verliert er endgültig das innere Gleichgewicht. Seine Eifersucht (vgl. S. 14, Z. 30) treibt ihn zur Mordtat (vgl. Szene 20), mit der er sich an Marie für ihren Verrat rächt. Allerdings bleibt sein Gewaltausbruch nichts als ein ohnmächtiger Ausbruchsversuch, der in der völligen sozialen Isolierung des gesuchten Mörders endet. Am Ende sogar verlassen von seinem Sohn und dem Narren, bleibt Woyzeck im Schlussbild auf der Bühne allein zurück (vgl. Szene 27).

2.4 Woyzecks soziale Isolation

In Woyzecks Sprachgebrauch spiegelt sich seine Zugehörigkeit zur unteren Bevölkerungsschicht wider: Woyzeck bedient sich einer schlichten Sprache, für die ein knapper parataktischer (reihender) Satzbau und ein einfacher Wortschatz (vgl. z. B. S. 11, Z. 24–29) ebenso typisch sind wie der Einfluss umgangssprachlicher bzw. dialektaler Elemente (vgl. z. B. S. 9, Z. 27–28). Immer wieder artikuliert Woyzeck seine soziale Verzweiflung in defensiven, resignierenden Formulierungen (vgl. S. 11, Z. 26–27). Gegenüber den Mächtigen der Gesellschaft ist seine Sprache von Respekt und Unterwürfigkeit geprägt (vgl. das dreimal wiederholte „Jawohl, Herr Hauptmann", S. 12, Z. 9, 19, 28). Wenn er versucht, den Höhergestellten auf gleicher sprachlicher Ebene zu begegnen, erleidet er Schiffbruch (vgl. S. 16, Z. 7–11). Expressive Züge zeigt Woyzecks Sprache jedoch dann, wenn er psychische Ausnahmezustände zum Ausdruck bringt (vgl. S. 21, Z. 9–18). Gelegentliche Anklänge an biblische Redemuster (vgl. S. 6, Z. 19–20) wurzeln offenbar in einer einfachen religiösen Erziehung.

3. Woyzecks Sprachgebrauch

4. Bewertung der Figur Woyzeck ist zwar die Hauptfigur des Dramas, er steht aber ohnmächtig den Lebensgesetzen einer materialistischen und amoralischen Gesellschaft gegenüber, in der das Recht des Stärkeren herrscht und in der die Lebenschancen ungerecht verteilt sind. Selbst mit uneingeschränkter Anpassungsbereitschaft an den enormen Leistungsdruck kann sich Woyzeck keine ausreichende soziale Teilhabe erarbeiten. Als Angehöriger der Unterschicht ist er auf die Rolle des passiven Opfers festgelegt, das von den Mächtigen der Gesellschaft ohne Skrupel ausgenutzt und drangsaliert wird. Die Motive, die Marie zu ihrem Verrat an Woyzeck treiben, enthüllen den wahren Charakter einer Gesellschaft, in der für den Armen im Grunde kein menschenwürdiges Dasein möglich ist.

Woyzeck und Marie (Wien 2002)

Marie

1. Personalien und sozialer Status Marie ist eine junge Frau mit langem schwarzen Haar und dunklen Augen (vgl. S. 9, Z. 22–23) mit femininer Ausstrahlung („Was n' Weibsbild.", S. 9, Z. 18). Gemeinsam mit Woyzeck hat sie einen kleinen Sohn. Marie lebt in ärmlichen Lebensumständen („Unseins hat nur ein Eckchen in der Welt und ein Stückchen Spiegel", S. 11, Z. 7–8). In ihrem gesellschaftlichen Verhalten entspricht Marie grundsätzlich der traditionellen Frauenrolle: Bereits bei ihrem ersten Auftritt wird sie als Mutter in Szene gesetzt (vgl. S. 6, Z. 25). Dementsprechend ist sie für die häuslichen Belange zuständig (vgl. S. 27, Z. 29), während Woyzeck für den Unterhalt der beiden sorgt. Ihre fürsorgliche Anteilnahme am Zustand Woyzecks („Der Mann! So vergeistert.", S. 8, Z. 10) zeigt zugleich ihre Sensibilität in Fragen des familiären Zusammenhalts („Er hat sein Kind nicht angesehn", S. 8, Z. 10–11). Auch die Nachbarskinder sehen in Marie offenbar eine wichtige Bezugsperson (vgl. S. 26, Z. 31).

Anders als Woyzeck lässt sich Marie ihr Lebensschicksal nicht von außen aufdrängen, sondern verhält sich selbstbewusst und initiativ. Ungeachtet der neidischen Vorwürfe der Nachbarin flirtet sie öffentlich mit dem Tambourmajor (vgl. S. 7, Z. 3–15) und bei einer Vorführung auf dem Jahrmarkt drängt sie sich aus Neugier in die erste Zuschauerreihe vor (vgl. S. 10, Z. 23). Ihr Selbstvertrauen bezieht sie dabei in erster Linie aus ihrer erotischen Ausstrahlung („und doch hab ich einen so roten Mund als die großen Madamen", S. 11, Z. 8–9).

Maries Denk- und Verhaltensweisen entsprechen ihrem Traum vom sozialen Aufstieg, den sie in ihren Liedern ausdrückt (vgl. S. 11, Z. 3–6). Der körperlich und geistig zerrüttete Woyzeck vermag diese Bedürfnisse nicht zu befriedigen. Ihre Verführbarkeit nützt der Tambourmajor aus, indem er ihrer Eitelkeit mit Schmuck schmeichelt (vgl. S. 10, Z. 27–28) und sie mit seiner Männlichkeit beeindruckt. Woyzeck gegenüber gesteht sie ihre Affäre nicht ein. Sie greift zu Ausflüchten (vgl. S. 11, Z. 21) und leugnet sogar „keck" (S. 15, Z. 5) den Betrug. Schließlich zeigt sie sich mit dem Tambourmajor sogar bei einer öffentlichen Tanzveranstaltung (vgl. S. 21, Z. 6–7).

2. Wesentliche Charaktereigenschaften

2.1 Maries Selbstbewusstsein

2.2 Maries Träume und Verführbarkeit

3. Maries Sprachgebrauch

Marie drückt sich ähnlich wie Woyzeck mithilfe einer schlicht wirkenden Sprache aus, in der Parataxen und ein einfacher Wortschatz vorherrschen (vgl. z.B. S. 11, Z. 7–15). Dabei verfügt sie jedoch über eine größere kommunikative Bandbreite als Woyzeck: Sie zeigt einerseits Dankbarkeit (S. 11, Z. 30) und Empathie (vgl. S. 8, Z. 10–11), andererseits aber auch Wehrhaftigkeit (vgl. S. 7, Z. 10–12), Verstellung (vgl. S. 11, Z. 21) und herausforderndes Lügen (vgl. S. 15, Z. 5). Besonders typisch für Marie ist das Singen von Volksliedstrophen, in denen sie ihr Weltbild vorformuliert findet (vgl. z.B. S. 11, Z. 3–6).

4. Bewertung der Figur

Marie wird im Stück jedoch keineswegs auf eine Verkörperung des gesellschaftlichen Egoismus reduziert. Vielmehr wird sie von Schuldgefühlen gegenüber Woyzeck gequält (vgl. S. 11, Z. 32–33). Sie sucht Trost im biblischen Gleichnis von der Ehebrecherin. Anders als diese findet sie jedoch nicht die Kraft zur Umkehr („Herrgott! Ich kann nicht.", S. 23, Z. 29–S. 24, Z. 1). Dieser inneren Resignation entspricht auch ihr Fatalismus, mit dem sie auf das Werben des Tambourmajors eingeht („Es ist alles eins.", S. 14, Z. 17). Dadurch erhält Marie sogar Züge einer tragischen Figur. Zwar weiß sie um die Verwerflichkeit ihres Handelns, vermag aber von sich aus keine Klärung der Angelegenheit herbeizuführen. Ebenso wie Woyzeck erscheint also auch Marie in gewisser Weise als Opfer der Gesellschaft.

Tambourmajor

1. Personalien und sozialer Status

Der Tambourmajor besitzt eine sehr männliche und kräftige Erscheinung (vgl. S. 7, Z. 3–4; S. 14, Z. 3–5). Das Tragen einer prächtigen Uniform verleiht seinem Auftreten zusätzlichen Nachdruck (vgl. S. 14, Z. 6–8). Von Beruf ist er Soldat. In diesem Rahmen kommt ihm die Aufgabe zu, die Paraden und den Zapfenstreich anzuführen (vgl. S. 6, Z. 26). Als einfacher Soldat steht der Tambourmajor grundsätzlich auf der gleichen Stufe wie Woyzeck, hat aber faktisch eine bevorzugte Stellung inne, da er militärische Repräsentationspflichten erfüllt. So nimmt er zum Beispiel mit Federbusch und weißen Handschuhen an der Sonntagsparade teil (vgl. S. 14, Z. 6–7) und wird dabei sogar vom Prinzen bewundert (vgl. S. 14, Z. 8).

Schon der erste Auftritt als Anführer des Zapfenstreichs zeigt die Wirkung des Tambourmajors auf Frauen, die seine physische Erscheinung mit einem „Baum" (S. 7, Z. 3) bzw. mit einem „Löw" (S. 7, Z. 4) gleichsetzen. Der Frauenheld ist sich seiner körperlichen Attraktivität (vgl. S. 14, Z. 6–8) sehr wohl bewusst. Als sein sexuelles Interesse an Marie erwacht (vgl. S. 9, Z. 19–20), umwirbt er diese zunächst zielstrebig mit einem kostbaren Geschenk (vgl. S. 10, Z. 27–28). Dabei trägt sein sinnliches Begehren geradezu animalische Züge (vgl. S. 14, Z. 10–11). Die körperliche Annäherung an Marie betreibt er auf energische und zugleich äußerst platte Weise (vgl. S. 14, Z. 12). Über ihre Vorbehalte setzt er sich einfach hinweg (vgl. S. 14, Z. 13–16), und auch seinen Nebenbuhler Woyzeck schiebt er in einer Schlägerei aggressiv zur Seite (vgl. Szene 14).

> 2. Wesentliche Charaktereigenschaften
> 2.1 Der Tambourmajor als Frauenheld

Die einfache, dialektal gefärbte Sprache des Tambourmajors (vgl. z. B. S. 14, Z. 6–8) entspricht seiner sozialen Zugehörigkeit. Sein betont maskulines Selbstbewusstsein drückt sich in einem direkten, derben Sprachgebrauch aus (vgl. S. 14, Z. 6–8, Z. 10–12). Im betrunkenen Zustand steigert er sich in eine vulgäre Aggressivität hinein (vgl. Szene 14). Sein Reden über Frauen und Sexualität ist von einem der Tierwelt entnommenen Wortschatz bestimmt (vgl. S. 14, Z. 11, 14).

> 3. Sprachgebrauch des Tambourmajors

Der Tambourmajor ist ein eindeutiger Vertreter des Rechts des Stärkeren in der Gesellschaft. Er nimmt sich rücksichtslos, was er will, und setzt sich dabei brutal gegen seine Konkurrenten durch. In dramatischer Hinsicht fungiert er als Gegenfigur zum nachdenklichen und defensiven

> 4. Bewertung der Figur

Woyzeck. Da der Tambourmajor keine innere Entwicklung durchläuft und auch keine charakterliche Komplexität aufweist, repräsentiert er keinen individuellen Handlungsträger, sondern einen gesellschaftlichen Typen.

Hauptmann

1. Personalien und sozialer Status

Der Hauptmann bekleidet einen Offiziersrang und gehört damit dem niederen Adel oder zumindest der bürgerlichen Oberschicht an. Die äußere Erscheinung des Hauptmanns steht im Gegensatz zu seiner militärischen Führungsposition. Er ist „[a]ufgedunsen, fett", hat einen „dicke[n] Hals" (S. 17, Z. 14) und kommt bei körperlicher Anstrengung wegen seiner physischen Konstitution schnell außer Atem (vgl. S. 17, Z. 1–2). Aufgrund seiner Fettleibigkeit stuft ihn der Doktor als schlaganfallgefährdet ein (vgl. S. 17, Z. 14–21).

2. Wesentliche Charaktereigenschaften
2.1 Selbstmitleid und Melancholie

Der Charakter des Hauptmanns entspricht nicht der Rollenerwartung an einen Soldaten. Sein inneres Wesen ist von Wehleidigkeit und Selbstmitleid bestimmt (vgl. S. 17, Z. 11–13, Z. 25–27), er leidet an melancholischer Schwermut (vgl. S. 12, Z. 18; S. 17, Z. 11). Diese Stimmungslage wird durch seine alltägliche Langeweile verstärkt, die wiederum von der Beschäftigungslosigkeit des Soldatenberufs in Friedenszeiten herrührt (vgl. S. 17, Z. 12–13). Sein Bestreben ist darauf ausgerichtet, den Tag mit Beschäftigungen zu füllen (vgl. S. 12, Z. 2–5), um sich nicht mit Fragen des Lebenssinns auseinandersetzen zu müssen (vgl. S. 12, Z. 10–11).

2.2 Diskrepanz zwischen dem Selbstbild des Hauptmanns und der Realität

In seiner Selbstwahrnehmung hält er sich für einen guten und tugendhaften Menschen (vgl. S. 13, Z. 21–22). Allerdings steht sein Verhalten im Widerspruch dazu. So lässt er Woyzeck immer wieder durch Boshaftigkeiten seine Vorrangstellung spüren (vgl. S. 18, Z. 14–20). Eine weitere Diskrepanz zwischen Selbstbild und Realität besteht darin, dass sich der Hauptmann Woyzeck gegenüber geistig überlegen fühlt (vgl. S. 12, Z. 27–30). Zudem zeigt der

rasche Wechsel von Rührung (vgl. S. 12, Z. 30) zur würde-
vollen Pose (vgl. S. 12, Z. 31) die Aufgesetztheit und Un-
glaubwürdigkeit seiner Selbstdarstellung.

Seine sozial privilegierte Stellung drückt sich im Sprachgebrauch des Hauptmanns aus. Im Umgang mit seinem Untergebenen Woyzeck (vgl. Szene 5) beansprucht er die
meisten Redeanteile, er kontrolliert den Gesprächsinhalt
durch Befehle (vgl. S. 12, Z. 8, 22) und Fragen (vgl. S. 12,
Z. 7–8, Z. 22–23) und bestimmt folgerichtig auch das
Ende des Gesprächs (vgl. S. 13, Z. 32–33). Die Inhaltslo-
sigkeit seiner Aussagen (vgl. z.B. S. 12, Z. 32–33) demaskiert ihn jedoch als dummen und oberflächlichen Schwad-
roneur, den echte geistige Herausforderungen „ganz kon-
fus" (S. 13, Z. 6) machen.

3. Sprachge-
brauch des
Hauptmanns

Der Hauptmann verkörpert einen Vertreter der Oberschicht, dessen gesellschaftliche Stellung unverdient ist.
Weder verfügt er über eine angemessene innere Qualifika-
tion noch über ein entsprechendes Verantwortungsgefühl.
Allerdings gibt ihm seine Position in der Militärhierarchie
die Möglichkeit, in gewissenloser Selbstbezogenheit zu
agieren und seine Machtstellung zum Zweck der sozialen
Distanzierung auszuüben.

4. Bewertung
der Figur

Doktor

Der Doktor praktiziert als Mediziner. Darüber hinaus betreibt er naturwissenschaftliche Experimente (vgl. Szene 8)
und unterrichtet Studenten (vgl. Szene 18). Als gebildeter
Wissenschaftler gehört er der bürgerlichen Oberschicht
an.

1. Personalien
und sozialer
Status

Der Doktor repräsentiert die Wissenschaftsgläubigkeit des
19. Jahrhunderts. In seinen Augen zählt ausschließlich die
rationale Wirklichkeitserklärung. Mit diesem Ziel führt er
naturwissenschaftliche Experimente durch, erfasst seine
Beobachtungen in wissenschaftlichen Kategorien (vgl.
S. 16, Z. 22–23) und weist emotionale Erfahrungen als ir-

2. Wesentliche
Charaktereigen-
schaften
2.1 Der Wissen-
schaftsglaube des
Doktors

rational zurück (vgl. S. 16, Z. 1–2). Gleichzeitig ist er ein entschiedener Verfechter einer idealistischen Weltsicht. Der Mensch kann kraft seines Willens die natürlichen Triebe und Veranlagungen kontrollieren und steuern (vgl. S. 15, Z. 15–16). Er ist zu freier Entscheidung über sein Handeln fähig (vgl. S. 15, Z. 17–18) und hat die Möglichkeit, durch Eingriffe in die Gesellschaft diese zu verändern.

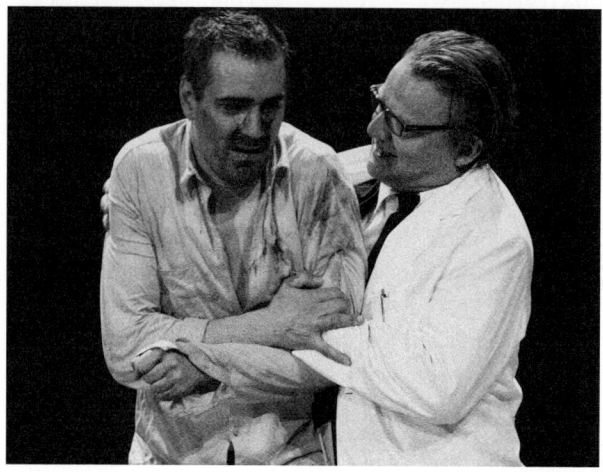

Woyzeck und der Doktor (Bayerisches Staatsschauspiel 2007)

2.2 Der Missbrauch Woyzecks

Als Wissenschaftler interessiert ihn der Mensch lediglich als Erkenntnisobjekt. Woyzeck, ein „interessanter casus" (S. 16, Z. 33), dient ihm dabei als Versuchskaninchen für ein entwürdigendes medizinisches Experiment. Er will die Folgen einer einseitigen Mangelernährung mit Erbsen studieren (vgl. S. 15, Z. 20–23). Woyzeck, der sich aufgrund seiner ökonomischen Lage zu dem Experiment verpflichten musste (vgl. S. 16, Z. 29–30), hat sich regelmäßig bei ihm einzufinden und sich auf seinen Zustand untersuchen zu lassen (vgl. Szene 8).

2.3 Wissenschaft als Machterhalt

Allerdings geht es dem Doktor in Wahrheit nicht um einen uneigennützigen Dienst an der Wissenschaft. Seine wesentliche Triebkraft ist sein persönlicher Geltungsdrang: Er will mit seinen Erkenntnissen berühmt werden (vgl. S. 15, Z. 21 – 22). Entsprechend genießt er es, bei öffentlichen Vorführungen vor seinen Studenten im Mittelpunkt zu stehen und dabei das große Wort zu führen (vgl. Szene 18). Außerdem missbraucht er seine wissenschaftliche Autorität, um seine gesellschaftliche Machtstellung zu sichern. Er demütigt Woyzeck als Demonstrationsobjekt (vgl. S. 25, Z. 26 – S. 26, Z. 14) und versetzt den Hauptmann mit seinen medizinischen Diagnosen in Angst um seine Gesundheit (vgl. S. 17, Z. 14 – 24).

Gleichzeitig stellt der Doktor auch eine Karikatur des Bildungsbürgertums dar. So beginnt er seinen ersten Auftritt mit dem unflätigen Vorwurf an Woyzeck, dieser habe „an die Wand gepisst" (S. 15, Z. 10). Überdies entsteht eine erhebliche satirische Wirkung durch die Diskrepanz zwischen dem hehren Anspruch seiner Experimente (er will das „Verhältnis des Subjekts zum Objekt" erforschen, S. 25, Z. 9 – 10) und dem banalen Untersuchungsverlauf (er wirft eine Katze aus dem Fenster, vgl. S. 25, Z. 14 – 15).

2.4 Der Doktor als Karikatur

Der Doktor verfügt entsprechend seinem akademischen Grad über ein differenziertes Ausdrucksvermögen, für das medizinische Fachbegriffe (vgl. S. 15, Z. 22 – 23) ebenso typisch sind wie stilisierte philosophische Formulierungen (vgl. S. 15, Z. 17 – 18). Auf diesem Weg gelingt es ihm, den ungebildeten Woyzeck intellektuell auf Distanz zu halten (vgl. Szene 8). Seine sprachliche Überlegenheit ist also immer auch soziales Machtmittel. Dies zeigt sich auch darin, dass er das Gespräch mittels langer Redeanteile dominiert und den Gesprächsverlauf mit einseitigen Feststellungen (vgl. S. 15, Z. 11 – 12, Z. 17 – 18), Fragen (vgl. S. 15, Z. 20 – 21, 24) und Befehlen (vgl. S. 15, Z. 24 – 25) steuert.

3. Sprachgebrauch des Doktors

Insgesamt hat der Doktor zwar eine sozial bevorzugte Stellung inne, da er eine höhere Bildung genossen hat und sein Leben der Wissenschaft widmen kann. Diese Privilegien

4. Bewertung der Figur

nutzt er jedoch nicht zum Dienst an der Gesellschaft, sondern zur Absicherung seines gesellschaftlichen Status und für das persönliche Fortkommen. Zudem wird sein idealistisches Weltbild durch seinen hochmütigen Umgang mit Woyzeck widerlegt. Anders als vom Doktor angenommen, ist Woyzecks Lebenswelt keineswegs von idealistischer Willensfreiheit geprägt. Vielmehr befindet er sich als Angehöriger der Unterschicht in einer derart prekären ökonomischen Situation, dass er sogar seine Gesundheit verkaufen muss. Die dramatische Funktion der Figur des Doktors besteht somit in der schonungslosen Entlarvung der Ideale des Bildungsbürgertums.

Andres

1. Personalien und sozialer Status

Der einfache Infanteriesoldat Andres ist Woyzecks Kamerad, der mit ihm die Kasernenstube teilt (vgl. Szene 10).

2. Wesentliche Charaktereigenschaften
2.1 Andres' schlichter Charakter
2.2 Andres' Freundschaft zu Woyzeck

Andres zeichnet ein phlegmatisches, eher schlichtes Wesen aus, das sich im Singen einfacher Volkslieder (vgl. S. 20, Z. 7–9) ebenso ausdrückt wie in einem naiv wirkenden Gottvertrauen (vgl. S. 22, Z. 11) sowie in seiner Beeinflussbarkeit durch äußere Stimmungen (vgl. S. 6, Z. 14).

Das Verhältnis zwischen den beiden basiert auf Freundschaft und gegenseitigem Vertrauen. Sie teilen sich eine Schlafstätte in der Kaserne (vgl. S. 22, Z. 6) und sammeln gemeinsam Flechtmaterial (vgl. S. 6, Z. 1). Im Unterschied zum sonstigen Umfeld Woyzecks wendet sich Andres nicht von seinem Freund ab, als sich dieser zunehmend seltsam gebärdet. Woyzeck bestätigt das zwischen ihnen bestehende Vertrauensverhältnis, indem er Andres seine Habseligkeiten vererbt (vgl. S. 24, Z. 16–24).

2.3 Andres' Unverständnis für Woyzeck

Allerdings ist Andres aufgrund seiner einfachen Denkart nicht in der Lage, die psychische Wandlung Woyzecks richtig zu deuten bzw. angemessen auf sie zu reagieren. Woyzecks Zustand vermag er sich nur als eine schwere Fiebererkrankung zu erklären (vgl. S. 22, Z. 15–16). Als offenkundig wird, dass Woyzeck einen tragischen Schritt plant (vgl. S. 24, Z. 27), steht Andres der Situation ohnmächtig gegenüber.

Andres' Beschränkung auf knappe sprachliche Äußerungen (vgl. z. B. Szene 10) drückt seine innere Passivität und Schlichtheit aus. Das Singen von Volksliedern (vgl. z. B. S. 19, Z. 26 – 28; S. 20, Z. 7 – 9) deutet im Fall von Andres auf einen Zustand innerer Genügsamkeit und Phlegmatismus hin. Auf ungewohnte Situationen reagiert Andres meist mit Fragen, die auf Hilf- und Orientierungslosigkeit hindeuten (vgl. S. 6, Z. 17, 22, 24).

3. Andres' Sprachgebrauch

Im Unterschied zu den anderen Beziehungen zwischen Woyzeck und seiner Umwelt ist Andres die einzige Figur, die Woyzeck freundschaftlich und ohne Verstellung begegnet. Jedoch ist Andres zu schwach, als dass seine Solidarität eine echte Hilfe für Woyzeck sein könnte.

4. Bewertung der Figur

Der Blick auf den Text:
Die Szenenanalyse

Eine Szene analysieren – Tipps und Techniken

Für die Analyse (Beschreibung und Deutung) von Einzelszenen des Dramas stehen grundsätzlich zwei verschiedene Methoden zur Auswahl: die Linearanalyse und die aspektgeleitete Analyse.

In der **Linearanalyse** werden die einzelnen Abschnitte des Aufgabentexts systematisch analysiert, das heißt ihrer Reihenfolge nach. Dies führt in der Regel zu genauen und detaillierten Ergebnissen. Allerdings besteht dabei die Gefahr, dass zu kleinschrittig gearbeitet wird und die übergeordneten Deutungsaspekte aus dem Blick geraten.

In der **aspektgeleiteten Analyse** werden diese Deutungsschwerpunkte von vornherein festgelegt. Daraus ergibt sich in der Regel eine sehr problemorientierte und zielgerichtete Vorgehensweise. Dabei werden jedoch die Deutungsaspekte, die nicht im Fokus des Interesses stehen, vernachlässigt.

Aufbauschema:

1. **Einleitung:**
   - Basissatz: Autor; Titel; Textsorte; Erscheinungsjahr des Werks, aus dem der Text stammt
   - Ort, Zeit und Personen der Szene
   - kurze Inhaltsangabe

2. **Einordnung der Szene in das Drama:**
   Was geschieht vorher, was nachher?

   Linearanalyse   *aspektgeleitete Analyse*

3. **Aufbau der Szene:**
   - Auflistung der Textabschnitte/ Textgliederung

3. **Untersuchungsschwerpunkte:**
   - Auflistung der ausgewählten Untersuchungsaspekte

4. **Beschreibung und Deutung der unter 3. angegebenen Textabschnitte:**
   - Aussagen zum Inhalt des Abschnitts
   - Aussagen zur Deutung, Einbetten in den Zusammenhang des Dramas
   - Einbezug der sprachlichen Gestaltung

4. **Beschreibung und Deutung der unter 3. angegebenen Aspekte:**
   - Benennen des jeweiligen Aspekts
   - Aussagen zur Deutung, Einbetten in den Zusammenhang des Dramas
   - Einbezug der sprachlichen Gestaltung

5. **Schluss:**
   - Zusammenfassung der Ergebnisse
   - Einordnung in einen größeren Deutungszusammenhang
   - Bewertung

Zu beiden Analysemethoden wird im Folgenden je eine (leicht abgeänderte) Schülerlösung präsentiert.

Übungsvorschlag:
Erstellen Sie zuerst jeweils eine eigene Lösung und verglei-
chen Sie sie dann mit den unten angeführten Vorschlägen.
Überprüfen Sie: An welchen Stellen erscheint Ihnen Ihre eigene Lösung schlüssiger? Welche zusätzlichen Anregungen
und Einsichten können Sie den Beispieltexten entnehmen?

Beispielanalyse Szene 4 (linear)

> *Aufgabe: Analysieren Sie die Szene 4 des Dramas
> „Woyzeck" nach inhaltlichen und sprachlichen
> Gesichtspunkten.*

*Einleitung mit
knapper Inhalts-
angabe der Szene*

Die Szene stammt aus dem im Jahr 1836 verfassten Theaterstück „Woyzeck" von Georg Büchner. In diesem Werk
geht es um den armen Soldaten Woyzeck, der von der gesamten Gesellschaft ausgenützt wird. Als ihn auch noch
seine Freundin Marie, die zusammen mit ihm einen kleinen
Sohn hat, mit dem Tambourmajor betrügt, begeht er eine
Verzweiflungstat und tötet sie in ohnmächtiger Wut.
In der vierten Szene des Dramas sieht der Zuschauer Marie,
die sich in ihrer Kammer im Spiegel betrachtet. Sie hat vom
Tambourmajor neue Ohrringe geschenkt bekommen.
Während sie mit sich selbst spricht, versucht sie gleichzei-
tig, ihr Kind zum Schlafen zu bringen. Als Woyzeck er-
scheint, erschrickt sie, weil er die Ohrringe nicht sehen soll.
Als Woyzeck Verdacht schöpft und sie fragt, woher sie den
Schmuck habe, greift sie zu einer Lüge. Damit beruhigt sie
Woyzeck, der ihr noch Geld für den Lebensunterhalt zu-
steckt. Als Marie wieder allein ist, schiebt sie ihr schlechtes
Gewissen einfach beiseite.

In der zweiten und dritten Szene haben Marie und der Tambourmajor einen Flirt begonnen. In der vierten Szene zeigt sich, dass der Tambourmajor schon direkte Annäherungsversuche gestartet hat, Woyzeck ist jedoch noch gutgläubig. Der Handlungsstrang wird in der sechsten Szene fortgesetzt, in der Marie und der Tambourmajor miteinander schlafen. In der siebten Szene erwacht bei Woyzeck die Eifersucht.

Einordnung der Szene

Die vierte Szene kann in drei Teile gegliedert werden, wenn man sich an den Personen orientiert, die auf der Bühne stehen. Zuerst sieht man Marie mit ihrem Sohn, wie sie ein Selbstgespräch führt. Dann erscheint Woyzeck und führt einen Dialog mit seiner Partnerin. Am Schluss ist Marie wieder mit ihrem Kind allein auf der Bühne. An diesen Einschnitten orientiert sich die folgende Deutung der Szene.

Aufbau der Szene

Zu Beginn der Szene hält Marie ihr Kind im Arm und betrachtet sich im Spiegel (vgl. S. 10, Z. 25–26). Dies zeigt dem Zuschauer, dass Marie nicht nur eine liebende Mutter sein will. Sie ist auch schön und will als Frau begehrt werden. Der Tambourmajor hat mit seinem Geschenk den richtigen Nerv bei ihr getroffen: In einem Lied (vgl. S. 11, Z. 3–6) macht sie deutlich, dass sie von einem Märchenprinzen träumt, der sie aus ihrem ärmlichen Dasein erlöst. Die Liedform ist im Stück ein mehrfach verwendetes Stilmittel, mit dem die einfachen Leute ihre Ansichten zur Welt und ihre Lebenswünsche ausdrücken.

Deutung der Textabschnitte: I. Abschnitt

Marie ist überzeugt, dass sie das gleiche Recht auf Anerkennung hat wie die „großen Madamen" (vgl. S. 11, Z. 9), also die Frauen der oberen Gesellschaftsschicht. Diese würden sich zwar richtige Spiegel (vgl. S. 11, Z. 10) statt einer Scherbe (vgl. S. 11, Z. 8) leisten können und würden von wohlhabenden Männern „standesgemäß" umworben werden (vgl. S. 11, Z. 10–11). Aber Marie, „ein arm Weibsbild" (S. 11, Z. 11–12), könne mit ihnen mithalten, weil sie auch „einen so roten Mund" (S. 11, Z. 9) habe wie die höhergestellten Frauen und damit ebenso begehrenswert sei.

Während Marie sich im Spiegel betrachtet, versucht sie, ihr Kind zum Schlafen zu bringen, indem sie zwei düstere Drohungen ausspricht (vgl. S. 9, Z. 2, 12–15). Besonders interessant ist, dass es Marie vor allem darum geht, dass das Kind die Augen schließt (vgl. S. 10, Z. 28). Sie erschreckt es sogar mit ihrer Spiegelscherbe (vgl. S. 11, Z. 13–14). Darin zeigt sich, dass Marie gegenüber dem Kind Woyzecks ein schlechtes Gewissen hat. Es soll nicht sehen, wie seine Mutter sich mit den Ohrringen des Tambourmajors schmückt.

Auch der Sprachgebrauch Maries lässt Rückschlüsse auf ihr Wesen zu. In ihrer Begeisterung für den Schmuck zeigt sich ihre Sehnsucht nach materiellem Wohlstand: „Was die Steine glänze!" (S. 10, Z. 27), „S' ist gewiss Gold!" (S. 11, Z. 7). Ihr vergleichsweise langer Monolog (vgl. S. 11, Z. 7–12) macht deutlich, dass Marie ihre Lebenssituation nicht einfach so hinnimmt, sondern über ihr Schicksal nachdenkt und es damit infrage stellt.

II. Abschnitt   Im zweiten Textabschnitt kommt Woyzeck hinzu. Ihm fallen sofort die Ohrringe auf (vgl. S. 11, Z. 20). Zwar kann ihn Maries Ausrede nicht völlig überzeugen (vgl. S. 11, Z. 22), aber als Marie empört reagiert (vgl. S. 11, Z. 23), lenkt er rasch wieder ein (vgl. S. 11, Z. 24). Er hat zu diesem Zeitpunkt noch sichtlich großes Vertrauen zu seiner Partnerin. Er kümmert sich zudem sehr um seine Familie. Dies erkennt man daran, dass er sich um die Schlafposition seines Sohnes sorgt (vgl. S. 11, Z. 24–25). Als armer Mann („Wir arme Leut!", S. 11, Z. 27) muss er sehr hart arbeiten, um den Unterhalt für Marie und das Kind zu verdienen. Sein ganzes Leben scheint nur aus Arbeit zu bestehen, da er sagt: „alles Arbeit unter der Sonn, sogar Schweiß im Schlaf." (S. 11, Z. 26–27). Er hat auch für seine Familie kaum Zeit, da er sofort wieder gehen muss (vgl. S. 11, Z. 31).

Der Sprachgebrauch Woyzecks zeigt, dass er sich mit seinem Schicksal abgefunden hat. Seine Worte drücken vor allem Mühsal aus: „Arbeit" – Schweiß" – „arme Leut" – „Löhnung" – „Ich muss fort" (S. 11, Z. 26–28). Aber an keiner Stelle zeigt er Widerstand oder empört sich in Form von Ausrufesätzen.

Der dritte Textabschnitt beginnt mit dem Abgang Woy- III. Abschnitt
zecks. Marie braucht erst einmal kurz Zeit zum Überlegen, wie die *„Pause"* (S. 11, Z. 32) zeigt. Wegen ihres Verrats an Woyzeck macht sie sich zunächst heftige Vorwürfe (vgl. S. 11, Z. 32–33). Dann aber entschließt sie sich, ihre moralischen Skrupel nicht weiter zu beachten (vgl. S. 11, Z. 33–34). Dies weist auf die folgenden Szenen voraus, in denen die Affäre zwischen Marie und dem Tambourmajor vertieft wird.

Insgesamt zeigt sich bereits zu diesem frühen Zeitpunkt Schluss
der Dramenhandlung, dass es um die Beziehung zwischen Woyzeck und Marie sehr schlecht steht. Marie findet in der Beziehung zum armen Woyzeck keine Befriedigung. Sie träumt von Wohlstand und Ansehen und erhofft sich, beim Tambourmajor beides zu finden. Ihre Gewissensbisse angesichts ihrer Unehrlichkeit stören sie dabei nur. Woyzeck wiederum leistet das ihm Menschenmögliche, um seine Familie zu ernähren. Aber die inneren Bedürfnisse Maries kann er nicht erfüllen. Außerdem hält er seine soziale Lage für nicht verbesserbar. Damit wird die Bedeutung der Szene für das Drama deutlich: Die im ganzen Stück negativ dargestellten gesellschaftlichen Verhältnisse beeinflussen die zwischenmenschlichen Beziehungen und höhlen sie innerlich aus.

Woyzeck und Marie (Salzburg 2008)

Beispielanalyse Szene 8 (aspektgeleitet)

Aufgabe: Erörtern Sie anhand einer Analyse der Szene 8 des Dramas „Woyzeck", inwieweit der Autor Georg Büchner in seinem Werk philosophische Überlegungen reflektiert.

Einleitung mit knapper Inhaltsangabe der Szene

Das Drama „Woyzeck" wurde im Jahr 1836 verfasst. Es stammt aus der Feder des Schriftstellers, Mediziners und Revolutionärs Georg Büchner. In diesem Werk räumt Büchner radikal mit dem Idealismus in der Literatur auf. Seine Hauptfigur, der arme Soldat Woyzeck, ist kein selbstbewusster Held, sondern ein passives Opfer, das den ungerechten gesellschaftlichen Verhältnissen seiner Zeit ausgeliefert ist. Von den Mächtigen in der Gesellschaft ausgebeutet und von seiner Partnerin Marie hintergangen, rächt er sich an dieser und wird zum Mörder.

Die Szene 8 des Stücks spielt im Behandlungszimmer des Doktors. Dieser nutzt Woyzecks finanzielle Not aus und missbraucht ihn als Testperson für ein Experiment. Mit dem Versuch will er die medizinischen Folgen einseitiger Ernährung durch Erbsen studieren. Woyzeck muss in regelmäßigen Abständen zu Untersuchungen erscheinen. Die schlimmen Folgen der Fehlernährung für Woyzecks Gesundheit nimmt der Doktor ohne Hemmungen in Kauf.

Einordnung der Szene

In den vorangegangenen Szenen ist deutlich geworden, dass Woyzeck sowohl beruflich als auch privat ausgenutzt wird. Der Hauptmann zieht ihn zu niedrigen Diensten heran (vgl. Szene 5), und seine Freundin Marie betrügt ihn mit dem Tambourmajor (vgl. Szene 6), was bei Woyzeck ohnmächtige Wut auslöst (vgl. Szene 7). In der folgenden Szene 9 steigert sich Woyzeck in seine Eifersucht immer weiter hinein, was schließlich zur finalen Katastrophe – zum Mordgeschehen – führt.

Untersuchungsaspekte

Die Szene 8 ist vor allem wegen des in ihr dargestellten philosophischen Problems wichtig. Wer hat Recht, der Idealist oder der Materialist? Ist der Mensch Herr über die Zwänge seines Körpers und seiner Natur, oder ist der Wille nur ein Sklave der Materie? Kann der Mensch freie Entscheidungen treffen, oder werden ihm die Entscheidungen durch die äußeren Umstände vorgegeben? Der Doktor steht in dieser Szene für den Idealismus, Woyzeck steht für den Materialismus. An dieser Szene lässt sich die Willensfreiheit des Menschen ebenso erörtern wie die Frage der Verantwortlichkeit des Wissenschaftlers. Auch das sprachliche Verhalten von Woyzeck und dem Doktor wird in die folgende Deutung einbezogen.

Der Gegensatz zwischen Woyzeck und dem Doktor wird gleich zu Beginn der Szene in einem Konflikt verdeutlicht. Woyzeck hat seine Notdurft an einer Wand verrichtet, obwohl er seinen Urin regelmäßig beim Doktor abgeben müsste. Woyzeck rechtfertigt sich mit Zwängen seiner „Natur" (S. 15, Z. 13), also mit einem dringenden körperlichen Bedürfnis. Diese für jeden leicht nachvollziehbare Begründung lässt der Doktor jedoch nicht gelten. Denn er vertritt das Ideal der menschlichen Willensfreiheit: „der Mensch ist frei" (S. 15, Z. 17), und zwar auch über den Muskelapparat (vgl. S. 15, Z. 15–16).

I. Konflikt um die Willensfreiheit

Bei diesem Konflikt pocht der Doktor außerdem darauf, dass sich Woyzeck vertraglich und damit in freier Entscheidung zum Experiment und zu den Urinproben verpflichtet habe (vgl. S. 15, Z. 27–28). Jedoch ist dies in Wirklichkeit ein zynischer Standpunkt. Der Doktor spricht selbst aus, dass Woyzeck seine Gesundheit für Geld verkaufen muss, und zwar für „zwei Groschen täglich" (S. 15, Z. 10–11). Er weiß auch, dass Woyzeck das Geld für seine Familie braucht (vgl. S. 16, Z. 29–30). Woyzeck hat den Vertrag also nicht aus freien Stücken, sondern aus seiner sozialen Zwangslage heraus unterschrieben. Dem Doktor sind solche Zusammenhänge fremd. Als Angehöriger der Oberschicht weiß er nicht, was Armut bedeutet.

Der Doktor glorifiziert außerdem die Wissenschaft. Er verspricht sich große und wegweisende Erkenntnisse von seiner Arbeit („Es gibt eine Revolution in der Wissenschaft, ich

II. Verantwortungslosigkeit der Wissenschaft sprenge sie in die Luft.", S. 15, Z. 21–22). Allerdings sieht er keinerlei moralisches Problem darin, dass sein Experiment bei Woyzeck zu schweren Gesundheitsschäden führt. Woyzeck ist für ihn vor allem ein „interessanter casus" (S. 16, Z. 33), und er scheint sich wegen seiner wissenschaftlichen Neugier über den geistigen und körperlichen Verfall Woyzecks sogar zu freuen (vgl. S. 16, Z. 22–23). Dies ist kein Idealismus mehr, sondern Verantwortungslosigkeit.

Auch im Kommunikationsverhalten wird deutlich, dass der Doktor eigentlich kein Idealist ist, sondern Woyzeck gegenüber seine Überlegenheit brutal ausspielt. Er erschlägt

III. Kommunikation als Machtmittel Woyzeck richtiggehend mit seinen langen Redeanteilen (vgl. z.B. S. 15, Z. 14–25), seinem medizinischen Fachwortschatz (vgl. z.B. S. 15, Z. 22–23) und seiner selbstbewussten nonverbalen Kommunikation (vgl. z.B. S. 15, Z. 19–20, 27, 31). Woyzeck dagegen muss sich auf wesentlich kürzere Redeanteile beschränken (vgl. z.B. S. 15, Z. 13, 26). Wenn er vergebens versucht, seinen Standpunkt in angemessenen Formulierungen auszudrücken (S. 16, Z. 7–11), bügelt ihn der Doktor kurzerhand nieder („Woyzeck, Er philosophiert wieder.", S. 16, Z. 12), ohne sich für Woyzecks Meinung zu interessieren.

Schluss Insgesamt zeigt sich also, dass in der Szene 8 der Idealismus des Doktors als Heuchelei widerlegt wird. Hinter seiner Fassade verbirgt sich nichts anderes als das gnadenlose Ausspielen gesellschaftlicher Macht gegenüber einem Schwächeren, der sich den Idealismus der bürgerlichen Schichten schlicht nicht leisten kann. Woyzeck ist in den Bedingungen seines Körpers und seiner sozialen Situation gefangen. Das Ideal der Willensfreiheit ist für ihn nicht lebbar.

Der Blick auf die Prüfung: Themenfelder

Dieses Kapitel dient zur unmittelbaren Vorbereitung auf die Prüfung: Schulaufgabe bzw. Klausur oder schriftliche bzw. mündliche Abiturprüfung. Die wichtigsten Themenfelder werden in einer übersichtlichen grafischen Form dargeboten. Außerdem verweist eine kommentierte Liste mit Internetadressen (S. 98) auf mögliche Quellen für Zusatzinformationen im Netz.

Die schematischen Übersichten können dazu genutzt werden,

- die wesentlichen Deutungsaspekte des Stücks kurz vor der Prüfungssituation im Überblick zu wiederholen,
- die Kerngedanken des Dramas noch einmal selbstständig zu durchdenken und
- mögliche Verständnislücken nachzuarbeiten.

Zum Verständnis der Schemata ist die Kenntnis der vorangegangenen Kapitel unerlässlich. Die folgende Schwerpunktsetzung beruht auf Erfahrungen aus jahrelanger Prüfungspraxis. Die Übersicht IV (Vergleichsmöglichkeiten mit anderen literarischen Werken) soll als Anregung dienen, um den eigenen Lektürekanon auf möglicherweise interessante Vergleichspunkte hin abzuklopfen.

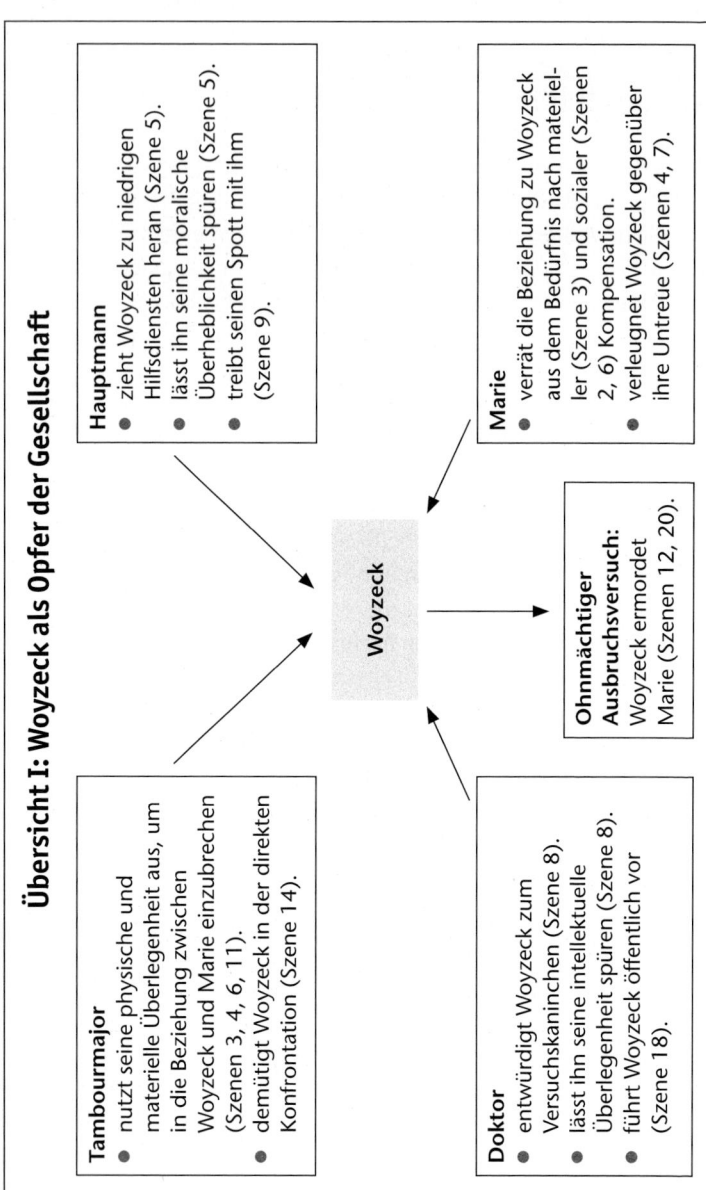

Übersicht I: Woyzeck als Opfer der Gesellschaft

Hauptmann
- zieht Woyzeck zu niedrigen Hilfsdiensten heran (Szene 5).
- lässt ihn seine moralische Überheblichkeit spüren (Szene 5).
- treibt seinen Spott mit ihm (Szene 9).

Marie
- verrät die Beziehung zu Woyzeck aus dem Bedürfnis nach materieller (Szene 3) und sozialer (Szenen 2, 6) Kompensation.
- verleugnet Woyzeck gegenüber ihre Untreue (Szenen 4, 7).

Tambourmajor
- nutzt seine physische und materielle Überlegenheit aus, um in die Beziehung zwischen Woyzeck und Marie einzubrechen (Szenen 3, 4, 6, 11).
- demütigt Woyzeck in der direkten Konfrontation (Szene 14).

Doktor
- entwürdigt Woyzeck zum Versuchskaninchen (Szene 8).
- lässt ihn seine intellektuelle Überlegenheit spüren (Szene 8).
- führt Woyzeck öffentlich vor (Szene 18).

Woyzeck

Ohnmächtiger Ausbruchsversuch: Woyzeck ermordet Marie (Szenen 12, 20).

Übersicht II: Weltanschauliche Aspekte des Dramas

Nihilismus = Lehre von der völligen Nichtigkeit alles Existierenden

- Die Moral des Hauptmanns besteht lediglich aus inhaltsleeren Floskeln (Szene 5).
- Marie verwirft wegen der Affäre mit dem Tambourmajor ihre moralischen Überzeugungen (Szene 6).
- Das Anti-Märchen der Großmutter symbolisiert die Sinnlosigkeit der menschlichen Existenz (Szene 19).

Determinismus = Lehre von der Vorherbestimmung des Menschen durch äußere Ursachen

- Woyzeck wird aufgrund seiner ökonomischen Lage ausgebeutet (Szenen 5, 8, 18).
- Woyzeck steht unter dem Zwang körperlicher Bedürfnisse (Szene 8).
- Woyzeck kann sich gegen den stärkeren Tambourmajor nicht wehren (Szene 14).

Büchners Philosophie

Materialismus = Lehre von der Abhängigkeit der menschlichen Existenz durch materielle Kräfte und Faktoren

- Der Mensch unterscheidet sich nicht wesentlich vom Tier (Szene 3).
- Woyzeck kann aufgrund seiner Armut nicht dem Tugend-Ideal des Hauptmanns entsprechen (Szene 5).
- Der sich idealistisch gebende Doktor nützt die Armut Woyzecks aus und entwürdigt ihn zum Versuchsobjekt (Szenen 8, 18).
- Marie entscheidet sich aufgrund materieller Gesichtspunkte für den Tambourmajor (Szenen 4, 6).

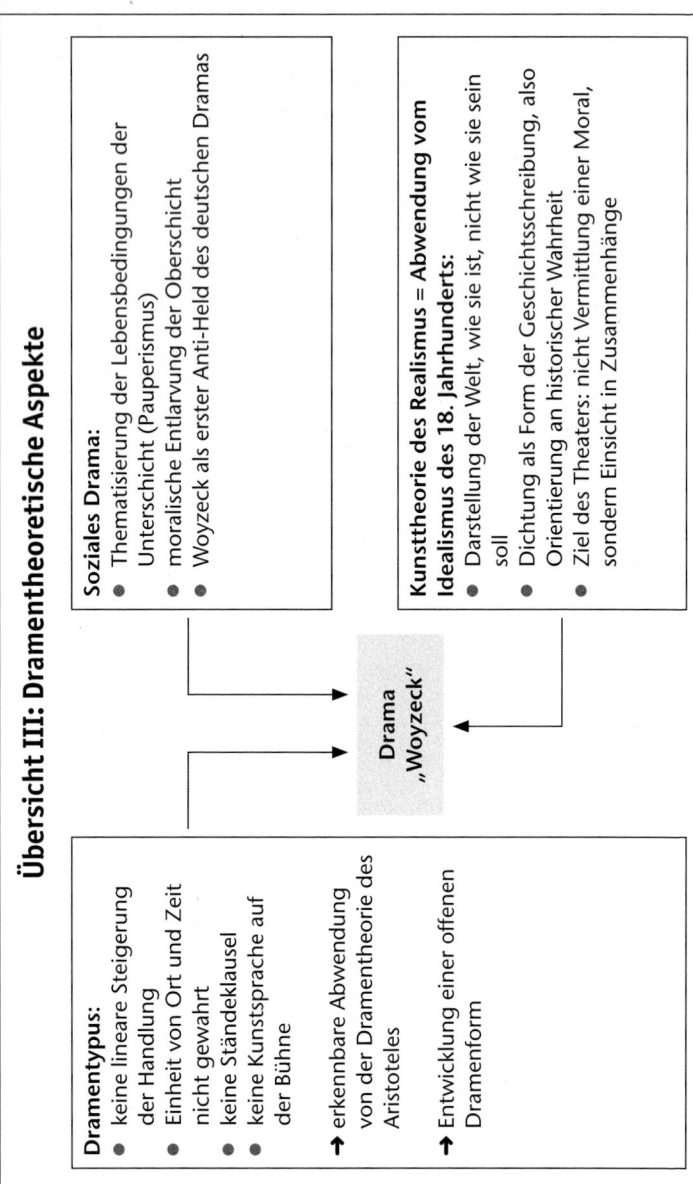

Übersicht III: Dramentheoretische Aspekte

Soziales Drama:

- Thematisierung der Lebensbedingungen der Unterschicht (Pauperismus)
- moralische Entlarvung der Oberschicht
- Woyzeck als erster Anti-Held des deutschen Dramas

Kunsttheorie des Realismus = Abwendung vom Idealismus des 18. Jahrhunderts:

- Darstellung der Welt, wie sie ist, nicht wie sie sein soll
- Dichtung als Form der Geschichtsschreibung, also Orientierung an historischer Wahrheit
- Ziel des Theaters: nicht Vermittlung einer Moral, sondern Einsicht in Zusammenhänge

Drama „Woyzeck"

Dramentypus:

- keine lineare Steigerung der Handlung
- Einheit von Ort und Zeit nicht gewahrt
- keine Ständeklausel
- keine Kunstsprache auf der Bühne

↑ erkennbare Abwendung von der Dramentheorie des Aristoteles

↑ Entwicklung einer offenen Dramenform

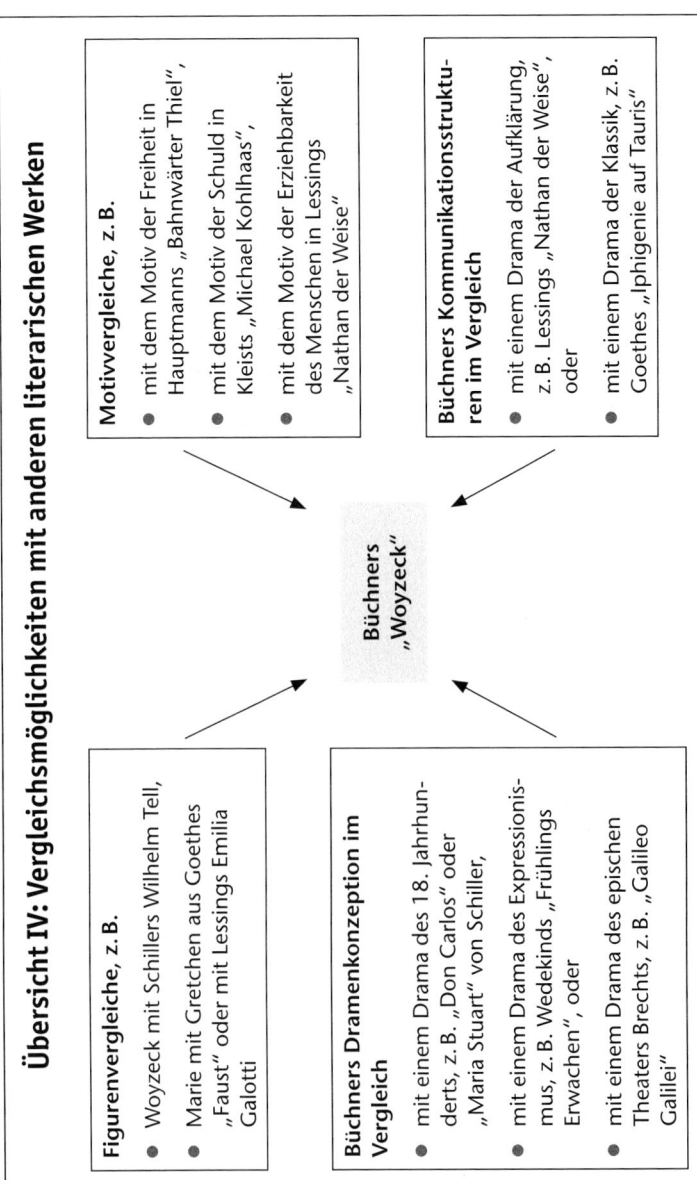

Übersicht IV: Vergleichsmöglichkeiten mit anderen literarischen Werken

Figurenvergleiche, z. B.

- Woyzeck mit Schillers Wilhelm Tell,
- Marie mit Gretchen aus Goethes „Faust" oder mit Lessings Emilia Galotti

Motivvergleiche, z. B.

- mit dem Motiv der Freiheit in Hauptmanns „Bahnwärter Thiel",
- mit dem Motiv der Schuld in Kleists „Michael Kohlhaas",
- mit dem Motiv der Erziehbarkeit des Menschen in Lessings „Nathan der Weise"

Büchners „Woyzeck"

Büchners Dramenkonzeption im Vergleich

- mit einem Drama des 18. Jahrhunderts, z. B. „Don Carlos" oder „Maria Stuart" von Schiller,
- mit einem Drama des Expressionismus, z. B. Wedekinds „Frühlings Erwachen", oder
- mit einem Drama des epischen Theaters Brechts, z. B. „Galileo Galilei"

Büchners Kommunikationsstrukturen im Vergleich

- mit einem Drama der Aufklärung, z. B. Lessings „Nathan der Weise", oder
- mit einem Drama der Klassik, z. B. Goethes „Iphigenie auf Tauris"

Internetadressen

Unter diesen Internetadressen kann man sich zusätzlich informieren:

www.xlibris.de/Autoren/Buechner/Biographie/Seite1
(informative Biografie Georg Büchners)

www.zeno.org/Literatur/M/B%C3%BCchner,+Georg/
Biographie
(chronologische Übersicht zum Leben Büchners)

www.dw-world.de/dw/article/0,2144,525686,00.html
(„Büchners Tod", kostenfreies Hörspiel der Deutschen Welle)

www.riedstadt.de/site/bildung/buechner.php
(Informationen zum Büchnerhaus in Riedstadt)

gutenberg.spiegel.de/suche?q=b%FCchner
(Briefe Georg Büchners)

www.raffiniert.ch/sbuechner.html
(Informationen zu Büchners Werken)

www.uni-marburg.de/fb09/fgb
(Homepage der Forschungsstelle Georg Büchner der
Universität Marburg)

www.zum.de/Faecher/D/BW/gym/Buechner/woyzeck.htm
(prägnante Zusammenfassung der Stoffgeschichte)

www.zum.de/Faecher/D/BW/gym/Buechner/determini_1.htm
(übersichtliche Informationen zu Büchners Determinismus)

www.laurenthaas.de/Germanistik/Woyzeck.html
(Uni-Seminararbeit zum Thema „Woyzeck und die Obrigkeit")

www.deutscheakademie.de/preise_buechner.html
(Informationen zum Georg-Büchner-Preis der Deutschen
Akademie für Sprache und Dichtung)

[Stand: 12.12.2011]

Literatur

Textausgabe:

Georg Büchner: Woyzeck, hrsg. von Johannes Diekhans, erarbeitet, mit Anmerkungen und Materialien versehen von Norbert Schläbitz, Schöningh Verlag, Paderborn 2009

Bornscheuer, Lothar: Georg Büchner, Woyzeck. Erläuterungen und Dokumente, Stuttgart 1993

Bühnemann, Wolfgang: Georg Büchner, Woyzeck, Freising 2009

Glück, Alfons: Der Menschenversuch. Die Rolle der Wissenschaft in Georg Büchners „Woyzeck", in: Georg Büchner Jahrbuch 5 (1985), S. 139–182

Hauschild, Jan-Christoph: Georg Büchner. Studien und neue Quellen zu Leben, Werk und Wirkung, Königstein im Taunus 1985

Hinck, Walter: Georg Büchner, in: von Wiese, Benno (Hrsg.): Deutsche Dichter des 19. Jahrhunderts. Ihr Leben und Werk, Berlin 1969, S. 200–222

Klotz, Volker: Geschlossene und offene Form des Dramas, München 1960

Mayer, Hans: Georg Büchner und seine Zeit, Frankfurt am Main 1972

Meier, Albert: Georg Büchner, „Woyzeck", 3. Aufl., München 1993

Nipperdey, Thomas: Deutsche Geschichte 1800–1866, München 1998

Richards, David G.: Georg Büchners „Woyzeck". Interpretation und Textgestaltung, 2. Aufl., Bonn 1989

Seidel, Jürgen: Georg Büchner, München 1998

Notizen